体育创业理论与实践

李红平◎著

吉林出版集团股份有限公司
全国百佳图书出版单位

图书在版编目（CIP）数据

体育创业理论与实践 / 李红平著 . -- 长春 : 吉林出版集团股份有限公司 , 2024. 7. -- ISBN 978-7-5731-5499-6

Ⅰ . G811

中国国家版本馆 CIP 数据核字第 2024U1C894 号

体育创业理论与实践
TIYU CHUANGYE LILUN YU SHIJIAN

著　　者	李红平
责任编辑	黄　群　杜　琳
封面设计	守正文化
开　　本	710mm×1000mm　　　1/16
字　　数	225 千
印　　张	12.5
版　　次	2025 年 1 月第 1 版
印　　次	2025 年 1 月第 1 次印刷
印　　刷	天津和萱印刷有限公司

出　　版	吉林出版集团股份有限公司
发　　行	吉林出版集团股份有限公司
地　　址	吉林省长春市福祉大路 5788 号
邮　　编	130000
电　　话	0431-81629968
邮　　箱	11915286@qq.com
书　　号	ISBN 978-7-5731-5499-6
定　　价	81.00 元

版权所有　翻印必究

前　言

《体育学类教学质量国家标准》指出："创新创业教育理念在体育学类本科专业课程设置上的投射和映现，应具体结合各专业的培养目标和特点，在充分挖掘专业课程的创新创业教育资源的基础上，开发、开设与本专业类相关的，以及研究方法、学科前沿、创业基础、就业创业指导等方面的公共必修课程和选修课程，促进专业教育与创新创业教育有机融合，实现在传授专业知识过程中加强创新创业教育。"《体育学类教学质量国家标准》对专业素质的要求是："具有相关领域工作所需的创新精神、创业意识、创新创业能力和从业资格。"要求体育学类本科专业中的5个基本专业和2个特设专业，应培养学生的创新创业能力，并结合各专业的特点，做到分类实施、有的放矢。体育教育专业、运动训练专业、武术专业与民族传统体育专业、运动人体科学专业可相对强调学生创新精神和创新能力的培养；社会体育指导与管理专业、运动康复专业、休闲体育专业可相对强调学生创业意识和创业能力的培养。

体育创新创业人才是适应当前经济社会和高等教育发展的必然需求，也是适应体育产业经济快速发展的迫切需要。《体育强国建设纲要》明确提出，到2035年体育产业将更大、更活、更优，成为国民经济支柱性产业。届时体育产业将在吸纳就业数量、扩大就业范围、平衡就业结构性矛盾、创新就业形态等方面释放更大的效能，体育产业对培育经济增长新动能和促进就业的贡献日渐突出。目前，我国正走在经济结构转型、产业结构升级、工业化向信息化迈进的道路上，迫切需要大量的应用型、知识技能型、创新型人才，这类人才不仅要有扎实的理论功底，还要有突出的知识应用能力。体育大学生是我国体育事业、体育产业未来发展的中坚力量，创新思维、创业能力、创业素养是大学生适应新形势未来职业发展的需要，同时也是促进体育行业市场快速高效创新性发展的需要。

由于体育专业的特殊性，传统体育院校培养的人才主要集中在教学、训练方面，专业化程度较高。体育专业课程按照性质可以分为两大类，即术科课程和理论课程，而体育术科类课程的结构不包含创业相关知识。目前，将创业理论与体育产业经营管理知识相融合，构建体育创业理论知识体系，是对体育高校的体育创新创业人才培养知识体系的有益补充，具有实际指导意义。

  本书是结合作者多年的体育经营管理类课程教学以及对体育专业学生创新创业的指导经验，根据标准中对体育类人才创新创业素质的要求，依据体育大学生的知识能力结构的特点，从体育创业人才应具备的创新创业能力实际出发完成的，旨在为体育专业学生在体育领域创业能力的培养以及体育高校教师的创业指导提供参考。本书内容基于作者本人的研究成果，同时将经营管理以及创新创业的相关知识相融合，撰写过程中查阅了大量的相关文献，涉及经营管理、财务、创新创业等相关知识，在此对各位前辈专家表示感谢，由于写作水平有限，难免存在疏漏之处，敬请各位同行指正！

李红平

2023 年 9 月

目 录

第一章 导论 ·· 1
    第一节 体育创新创业 ······································ 1
    第二节 体育创新创业人才的知识和能力 ······················ 4

第二章 体育企业的创建 ·· 12
    第一节 体育产品与创业项目选择 ···························· 12
    第二节 体育市场与市场机会 ································ 30
    第三节 体育企业建设的可行性研究 ·························· 46
    第四节 体育企业的筹建 ···································· 58

第三章 体育企业人力资源管理 ·································· 69
    第一节 体育企业的组织结构 ································ 69
    第二节 员工的招聘 ·· 75
    第三节 人员培训 ·· 81
    第四节 员工绩效考核与激励机制 ···························· 88
    第五节 企业的人才经营策略 ································ 93

第四章 体育产品营销 ·· 99
    第一节 体育产品的市场营销 ································ 99
    第二节 体育品牌营销 ······································ 124
    第三节 体育产品价格策略 ·································· 131
    第四节 体育产品推销 ······································ 142

第五章　客户服务管理 155
　　第一节　客户服务 155
　　第二节　客户关系管理 162

第六章　体育企业的财务管理 171
　　第一节　体育服务企业的成本管理 171
　　第二节　体育服务企业的收入管理 183

参考文献 192

第一章 导论

尽管"创新"一词起源于西方国家,"创新创业教育"却是一个具有中国特色的词语,国外学者经常使用"创业教育"来代替"创新创业教育",他们认为创新是创业的必备素质,创新教育是创业教育的必需环节。

第一节 体育创新创业

目前,"体育创新创业人才"的概念已经被普遍使用,但对于"体育创新创业人才"并没有准确的定义,本书认为,对于体育创新创业教育而言,"创新""创业"是两个既有区别又有联系的概念,创新创业与个体精神联系紧密,创新的内涵可以不包含创业,而创业是实现创新的过程、是创新的手段。体育创新创业研究是建立在有关创新创业理论基础上的,把体育创新和体育创业分开进行研究,其目的在于:根据体育的本质、特点、功能以及体育学科课程设置,提出体育创新的目标;根据体育产业涉及的领域来确定体育创业的目标以及应补充的知识,有目的地培养体育创业人才;使体育专业创新创业人才的培养目标更加清晰。

一、体育创新

目前,我国正走在经济结构转型、产业结构升级、工业化向信息化迈进的道路上,迫切需要大量的应用型、知识技能型、创新型人才,这类人才不仅要有扎实的理论功底、突出的知识应用能力,还要在具体的工作实践中根据实际遇到的问题做出创造性的发明、革新,甚至是革命性的。我国在创新研究方面虽然起步较晚,但进展迅猛,尤其在科技创新方面,近些年已经取得举世瞩目的成绩。一直以来,体育只是作为文化现象在社会中呈现,体育的本质是以身体活动为媒介,以谋求个体身心健康、全面发展为直接目的,并以完善社会公民素质为终极目标的一种社会文化现象或教育过程。体育的本质决定了体育创新不会像科技工业类创新可以彻底改变人们的生活方式和水平，相对而言，对社会的影响力更为低调。但是，在我国体育产业迅猛发展，竞技体育也取得了辉煌成就以及体育强国目标提出的背景下，体育创新开始逐渐被体育教育工作者重视。在全球化的背景下，我国实施了全方位、多角度、宽领域的对外开放，我国的文化教育交流与国外学校的交流更加频繁，体育教育工作者在学习、吸收、借鉴国际优秀文化因素，使我国学校体育教育走上国际化轨道，体育教育工作者在学习国外经验的同时，结合国情对传统的体育教学内容、形式、经验、方法进行了创新，创新已成为时代发展的主题。

（一）体育创新的含义

什么是体育创新？顾名思义，就是体育领域内的创新行为和成果。体育创新教育，即体育高等院校对体育专业学生的创新精神、创新意识、创新思维和创新能力的培养和教育。思维和能力的培养都必须建立在一定的基础之上，这个基础就是要对工作岗位需求与面临的主要问题及矛盾做到充分了解。体育创新的培养，首先要了解体育创新的分类领域有哪些，根据社会发展需求决定从哪些方面进行创新，让人才培养目标更具体化。这也是体育院校进行创新创业人才培养的首要环节。

（二）体育创新的分类

根据体育专业的课程设置分类，可以将体育课程分为术科类课程和理论课程。根据体育专业课程的特点及职业需求对体育创新进行分类，具体如下：

体育术科类课程创新培养：动作创新编排、动作技战术创新、队形创新。体育理论课程创新培养：体育教学创新、训练指导方法创新、竞赛组织创新。体育创业中的创新培养：健身产品开发与创新、体育产业经营创新、体育产业管理创新。

二、体育创业

哈佛商学院创业课程先锋人物霍华德·史蒂文森（Howard Stevenson）教授给出的创业定义为：创业是不拘泥于当前资源条件的限制，将不同的资源组合起来以利用和开发机会并创造价值的过程。《创业学》指出，创业不仅是创造一个企业，这虽然是非常重要的一个方面，但并不是全部。创业不仅适用于商业投资领域，也适用于政治、社会决策等。

创业的本质就是创造和创新。具体可以从以下几个方面来理解：一是创造一个前所未有的企业，或者开创新的事业。二是对已有生产方式、资源进行创新性整合，或找到新的市场机会，从而产生新价值。三是创业成功必然要获取合理的利润，进而为社会创造财富。四是大量劳动力被雇用并接受企业的管理以及提供个人成长支持。五是市场规模、销售收入、公司资产、人力资源等方面的全面增长。六是带来技术、产品、服务、商业模式、管理等方面的变革。

根据国家统计局《体育产业统计分类（2019）》有关体育产业概念和分类范围的介绍：体育产业是指为社会提供各种体育产品（货物和服务）和体育相关产品的生产活动的集合。分类范围包括：体育管理活动，体育竞赛表演活动，体育健身休闲活动，体育场地和设施管理，体育经纪与代理、广告与会展、表演与设计服务，体育教育与培训，体育传媒与信息服务，其他体育服务，体育用品及相关产品制造，体育用品及相关产品销售、出租与贸易代理，体育场地设施建设11个大类。

基于此，本书将体育创业定义为：基于体育产业领域进行体育企业商业模式或建立体育事业新模式的活动。体育创业与其他创业的主要区别在于创业领域不同。

三、体育创新创业人才

人才的概念受时代、地域、阶级等诸多因素的限制，不同社会背景下对人才的评价标准和概括都不尽相同。最早提出天才和人才概念的是我国著名教育家、思想家孔子，《易传》有云："《易》之为书也，广大悉备。有天道焉，有人道焉，有地道焉。兼三才而两之，故六。六者非它也，三材之道也。"这是肯定了人才的存在。

《辞海》中对"人才"的解释是：有才识学问的人，德才兼备的人。这一简明的定义强调了人才具有优于一般人的品德和才能。王通讯在《人才学通论》中将"人才"定义为："人才就是为社会发展和人类进行了创造性劳动，在某一领域、某一行业，或某一工作上做出较大贡献的人。"

2003年12月《中共中央、国务院关于进一步加强人才工作的决定》强调指出："只要具有一定的知识或技能，能够进行创造性劳动，为推进社会主义物质文明、政治文明、精神文明建设，在建设中国特色社会主义伟大事业中做出积极贡献，都是党和国家需要的人才。"

高等体育院校培养的人才，既有应用型人才（具有一定复合型和综合性特征的理论与实践技术，能将专业知识和技能应用于所从事社会实践的专门人才类型），又有复合型人才（掌握多个专业或学科的基本知识和基本技能的人才类型）和研究型人才（基本能对体育专业相关问题和领域进行独立研究的人才类型）。体育创新创业人才是由体育院校培养的，不以其体育专业知识、技能为单一衡量标准，而注重其内在创新精神、创新能力以及创业精神、创业能力。体育创新创业人才是体育人才的一种，具有体育人才的基本属性，同时又以创新创业素质和能力的特点区别于其他体育人才，是将包括体育专业在内的各种知识投入创新创业实践为基本内涵的复合型人才。基于此，将体育创新创业人才定义如下：

体育创新人才：掌握系统体育专业知识，具有创新精神、创新意识、创新思想、创新能力，并能够在体育领域理论、教学及训练方法、动作技术、运动项目和服务产品开发等方面进行创新的体育专业人士。

体育创业人才：掌握系统体育专业知识及相关创业知识，具备创业者的素质，能够在体育产业领域进行创业活动或为体育事业建立新模式的体育专业人士。

体育创新创业教育培养是使体育专业的学生掌握创业基础知识，具备创新、创业者素质，熟悉体育产业领域内至少一个门类的业务知识，并能够对此进行创业或建立体育事业新模式的一系列活动的教育。

第二节 体育创新创业人才的知识和能力

从辩证的观点出发，知识与能力既存在着本质的差异又有着密切的联系。差异是指两者含义不同。知识可以随着年龄的增长而不断积累丰富，能力则随着年龄的增长有一个形成、发展到衰退的变化过程。紧密联系主要表现在：知识的掌握依赖于能力的发展，知识为能力的发展提供基础。知识与能力在一定条件下还可以相互转化，能力是掌握知识的必要前提；反过来，掌握知识的过程又能有效地提高能力。当然，知识不等同于能力，有了知识不等于有了能力，知识是能力的基础、源泉，丰富了知识有利于能力的提升；反过来，能力是知识的效应，提升了能力就能促进知识的掌握。知识和能力是相互依存、相互促进的辩证统一体。

根据知识和能力之间的关系，知识和能力各有内涵，但又相互联系，密不可分。知识是形成能力的基础，是人类改造世界的实践中积累起来的认识和经验的总和。人类要获得改造世界的能力，必须以丰富的知识为基础。但是，知识不等于能力，能力是人们运用知识完成任务的品质，只有通过人的内化作用才能形成能力，拥有丰富知识的人，不一定具有实际工作的能力。只有两者有机融合，才能使人得到全面发展并成为有用之才。

依据科学性、系统优化、通用可比、实用性等原则，拟定了构建体育创新创业人才培养的总指标（一级指标），内容包括：知识结构、能力结构。根据系统分解法把总指标分解成次级指标和次次级指标（二级指标和三级指标）。二级指标内容包括：体育创新创业人才的知识结构应包括基础知识、主体知识、拓展知识三部分，能力结构应包括专业能力、基本能力两部分。三级指标是二级指标的细化，内容包括：构建体育创新创业人才知识结构的各学科设置，以及组建体育创新创业人才能力结构的各种能力。

一、构建体育创新创业人才知识能力结构的依据

（一）系统论原理是构建知识能力结构的科学依据

系统论是体育创新创业人才知识能力结构构建的理论基础，按照系统论的观点，结构直接决定系统的性质，即事物的性质取决于结构控制。依据系统论的观点，知识能力的各个层次及层次内部之间的比例关系就是知识能力结构。不同类型的人才具有的学科知识和能力在其结构中的比例关系是不同的，这样构成的知识能力结构具有其特有的性质，是该类型人才区别于其他类型的主要特征。因此，知识能力结构必须按照其工作性质和活动范围来设置，使知识与实践相结合并相

互转化,形成体育创新创业人才服务活动的子系统。在体育创新创业人才的服务活动这个大系统内,各个子系统相互联系,相互沟通,充分发挥各自的功能,为实现大系统的作用增效(图1-2-1)。

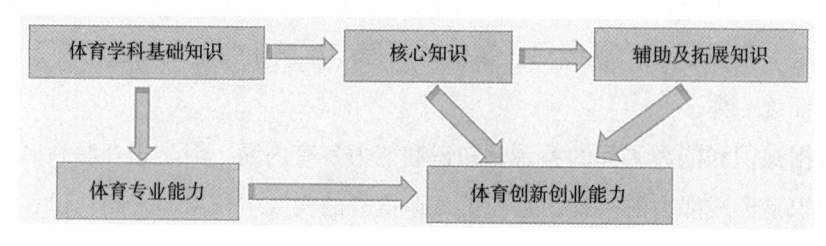

图1-2-1 体育创新创业人才知识能力之间的关系

体育专业知识是哺育体育人才的知识,即体育专业课程,是体育创新创业人才区别与其他创新创业人才的根本。核心知识是根据体育人才进行创新创业实践确定的,是体育创新创业人才知识体系中的基础部分,是体育人才掌握创新创业特殊能力的前提。核心知识掌握的情况决定了体育创新创业人才的基本能力。辅助知识是为适应社会发展和需要帮助基本知识得以更好发挥而储备的知识。这三部分彼此联系,成为一个整体。

(二)教育教学的基本原则是构建知识能力结构的根本依据

遵循教育教学的基本规律,坚持知识、能力、素质协调发展的原则,以及人才的培养要体现"加强基础、拓宽口径、强化实践、增强能力、提高素质、增强适应性、突出特色、整体优化"的原则,即加强基础教育、拓宽专业口径、增强人才培养适应性;注重融素质教育、知识传授、能力培养与素质提高为一体,相互协调发展,综合提高;理论联系实际,强化实践能力培养;构建适合学生终身教育及社会发展变化需要的知识、能力、素质结构,使培养的学生具有深厚的基础知识、合理的知识结构、良好的人文素质等。

(三)体育产业市场需求是构建知识能力结构的主要依据

人才培养是以适应社会需求为导向,以促进社会向前发展为目的的。社会发展需要什么样的人才,教育就应该培养什么样的人才。同时,培养目标也决定了人才培养的知识结构体系及其相关课程的设置。随着我国体育产业的发展壮大,体育创新创业人才已成为影响我国健身服务业发展的重要因素之一,这需要体育创新创业人才根据体育产业市场的需要调整自身素质，扩充自身知识。因此，相关体育人才培养部门要顺应时代需求建立合理的课程体系，把体育产业市场需求与现有培养目标统一起来，从而进一步提高我国体育创新创业人才素质，推动我国体育产业向前发展。

二、体育创新创业人才知识和能力结构构建

（一）体育创新创业人才知识结构

如图 1-2-2 所示，体育学科基础知识的主体部分是专业必修课程群，这是体育各专业学生必须修习的课程，是体育创新创业人才区别其他创新创业人才的专业基础课程群。

核心知识的主体部分包括创新知识、创业知识与实践课程。创新知识和创业知识是体育创新创业人才必须掌握的重要学科，是体育创新创业实践的基础知识。

辅助与拓展知识包括辅助知识、企业职能知识。辅助知识是为创新创业人才适应社会发展而设立的，包括外语、计算机、写作、社交礼仪、职业规划、商业基础、金融技能、企业法等课程。企业职能知识是为创新创业人才了解企业运作与管理，适应社会需要而设立的，包括领导学、管理学、市场营销、财务战略、风险管理等课程。

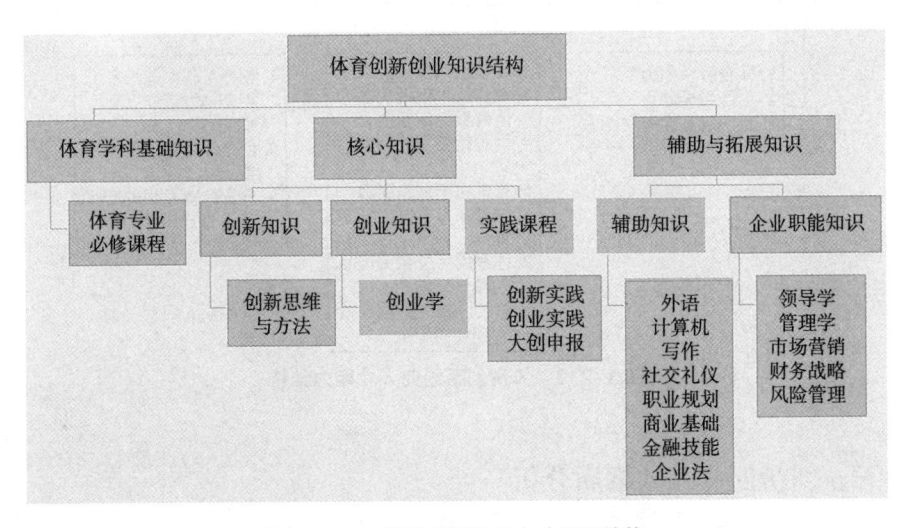

图 1-2-2 体育创新创业人才知识结构

（二）体育创新创业人才能力结构

体育创新创业人才能力结构（图1-2-3）由体育创新创业人才应具备的体育专业能力和创新创业能力两部分构成，前者是后者形成的前提，后者是前者拓展能力结构中的二级指标。创新创业能力由体育专业能力和基本能力组成，体育专业能力是从事相关体育工作必需的能力，是完成体育各专业培养目标的保障，是区别于其他专业人士的特殊能力；基本能力指的是体育创新创业人才进行创新创业的基本能力，是体育创新创业人才进行创新创业实践的关键能力。能力结构中的三级指标主要是依据体育创新创业人才性质确定的。体育专业培养目标中应具备的能力部分包括体育教学能力、训练指导能力以及教学与竞赛组织等各体育专业培养目标中应具备的能力。体育专业能力部分是体育专业人才所应具备的基本能力，是实现专业培养目标应具有的能力。这些是体育创业人才的发展方向，是根据体育人才的知识结构及体育产业相关领域范围确定的。

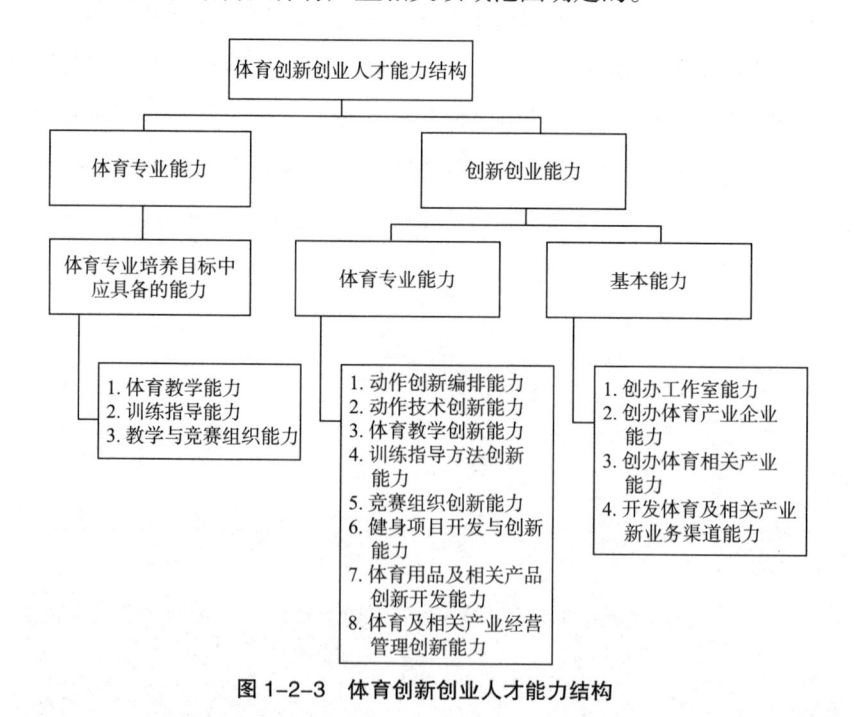

```
                体育创新创业人才能力结构
                  ┌──────┴──────┐
              体育专业能力      创新创业能力
                  │          ┌──────┴──────┐
         体育专业培养目标中   体育专业能力    基本能力
           应具备的能力
         1. 体育教学能力     1. 动作创新编排能力   1. 创办工作室能力
         2. 训练指导能力     2. 动作技术创新能力   2. 创办体育产业企业
         3. 教学与竞赛组织能力 3. 体育教学创新能力     能力
                           4. 训练指导方法创新   3. 创办体育相关产业
                             能力                能力
                           5. 竞赛组织创新能力   4. 开发体育及相关产业
                           6. 健身项目开发与创新   新业务渠道能力
                             能力
                           7. 体育用品及相关产品
                             创新开发能力
                           8. 体育及相关产业经营
                             管理创新能力
```

图1-2-3　体育创新创业人才能力结构

三、创新创业人才素质分析

素质就是人们从事活动前所具有的较为稳定的、内在的、基本的品质，是人们先天的自然性与后天的社会性上一系列基本特点与品质的综合。

（一）创新能力

心理学有关研究表明，一个人成功与否的关键不仅取决于天资如何，还取决于个性和情感因素。国内学者提出，创新能力由智力因素和非智力因素构成。其中智力因素包含视知觉能力，即观察力、记忆力、想象力、直觉力、逻辑思维能力、辩证思维力、选择力、操作力、表达力等；非智力因素主要包含创造欲、求知欲、好奇心、挑战性、进取心、自信心、意志力等。

1. 智力因素

智力因素包含三种能力：一是一般智力，如观察力、注意力、记忆力、操作能力，它体现了人们检索、处理以及综合运用信息，对事物做间接、概括反映的能力；二是创造性思维能力，主要指发散思维和形象思维的能力，如创造性想象能力、逻辑加工能力、思维调控能力、直觉思维能力、推理能力、捕捉机遇的能力及批判性思维能力等，它体现出人们在进行创造性思维时的心理活动水平，是创新能力的实质与核心；三是特殊智力，指在某种专业活动中表现出来的并保证某种专业活动获得高效率的能力，如音乐能力、绘画能力、体育能力、操作能力等。特殊智力可视为某些一般智力专门化的发展。

2. 非智力因素

非智力因素包含两个因素：一是创造意识因素，指对与创造有关的信息及创造活动、方法、过程本身的综合觉察与认识，也可以简单地理解为创造的欲望，包括动机、兴趣、好奇心、求知欲、探究性、主动性、对问题的敏感性等。培养创造意识，可以激发创造动机，产生创造兴趣，提高创造热情，形成创造习惯，增强创造欲望。任何创造成果都是创造意识和创新方法的结合。二是创造精神因素，指创造过程中积极的、开放的心理状态，包括怀疑精神、冒险精神、挑战精神、献身精神、使命感、责任感、事业心、自信心、热情、勇气、意志、毅力、恒心等。创造精神也可以简单地说成是创造的胆略。在创造活动中，创造精神往往是取得成功的关键。

（二）创造性人格

创造性人格也称为"创造人格"，是指主体在后天的学习活动中逐步养成，在创造活动中表现和发展起来，对促进人的成才和创造成果的产生起导向和决定作用的优良的理想、信念、意志、情感、情绪、道德等非智力素质的总和。创造性人格对个人的成才、创造活动的成功和创造成果的产生起导向作用、内在驱动作用。

1. 批判继承、综合创新

创造过程既是对旧理论、旧观点的扬弃（批判继承）过程，又是对多种经批判、鉴别、选择后的观点、材料进行综合创新的过程，所以创造者，特别是堪称大师的创造者，一般都具有批判继承、综合创新的精神。

2. 探索精神

探索精神的创造过程实质上是以质疑和发现问题为起点，通过辩证综合创立新理论、新方法、新设计，并在实践中加以检验或制作，获得新成果的过程。既然质疑和发现问题是创造的起点，那么，善于质疑、发现问题的探索精神对于创造者来说就是十分重要的创造性人格。

3. 敢冒风险的大无畏勇气

创造活动，特别是重大的发明创造活动，是破旧立新的过程，要破除旧理论，就可能遭到维护旧理论的社会势力的打击；要立新，就要探索未知的领域，就可能遇到各种意外和失败。因此，创造者必须具有不怕风险、不惧失败的大无畏勇气。

4. 抗压精神

这种创造性人格是许多遭遇失败或身处逆境的创造者能够战胜千难万险，排除重重障碍，承受多次失败的压力，最终达到成功或获得创造成果的决定性因素。

5. 开拓精神

开拓精神是许多科学家、发明家、改革家、企业家有所发现，有所发明，有所创新的重要原因。

6. 勤俭、艰苦、自信自强的精神

有一类创造者——开拓型企业家要在企业的经营创造活动中使企业从无到有，从小到大，乃至成为一流的企业，这需要拥有勤俭节约、艰苦创业的创造性人格。创造活动是前无古人的事业，必将碰到千难万险，只有拥有知难而进的创造性人格，创造者才可能在创造的崎岖小道上不断攀登；面对艰难险阻，只有树立自信自强的创造精神，创造者才能在探索未知的曲折征途中拥有不竭的动力。

（三）其他素质

体育创新创业人士除了具备科学文化素质，还应具备良好的思想道德素质、身体素质，这样才能使各方面协调发展。思想素质是思想认识和思想方法方面的问题，良好的思想素质是引导正确行为的内在因素；道德素质包括良好的品德素养、健康的思想情操、正确的政治方向、远大的理想抱负。良好的思想素质和道德素质是作为一名体育创新创业人才的前提条件；良好的心理素质是适应环境、赢得学习和生活成功的必要条件，是形成和发展人的社会文化素质的基础。只有对自己所从事实践的工作有着坚定的信念和强烈的责任感，才能克服困难，完成工作任务。良好的身体素质是适应和改造环境的需要，是人的其他各项素质形成和发展的生理基础。健康的体魄是体育创新创业人才进行实践活动、适应环境、待人接物的基本条件。

第二章 体育企业的创建

企业的创建首先应从创业项目的选择开始，良好的开始是成功的一半。创业项目的选择是创业的关键步骤。俗话说："隔行如隔山。"在创业项目的选择上，创业者应尽量选择与自己的专业、经验、兴趣、特长相匹配的项目。每个人都有自己的长处和优势，当你充分了解了某一行业、某一领域，同时又在技术上有专长时，就形成了自己在行业里的长处。创业者如果选择一个能充分发挥自己的长处和优势，自己有兴趣且熟悉的行业，那么创业就成功了一半。

知识结构是能力的基础，体育专业学生在大学专业教育的培养中获得了一定的专业知识和技能，这是体育创业的基础。充分利用自己的专业特长，依托自身的能力和专业优势选择创业项目会比较有竞争优势，不仅比其他竞争者有更好的理论基础，还具备更多的实践经验。这一章我们来了解体育产业中的体育产品和体育市场，这是体育专业学生在体育产业领域选择体育产品作为创业项目的前提。

第一节 体育产品与创业项目选择

体育产业作为一个全球性创新领域，被认为是21世纪新的经济增长要素之一，是世界各国竞相争夺的战略高地。体育产品是体育产业最基本的构成单位，是体育市场活动的基础，也是体育产业区别于其他产业的决定因素之一。

一、体育产业概述

（一）体育产业概念界定

体育产业是指为社会提供各种体育产品（货物和服务）和体育相关产品的生

产活动的集合。体育产业不同于体育事业,体育事业的主要任务是满足社会精神文明的需求,更注重社会效益,具有公益、福利的性质;体育产业的重要目的则是谋求获利,更注重经济效益,因而具有商业性质。在经济性质方面,体育事业的经济性质是产品经济,运行机制主要靠行政指令,要求以福利、公益、社会效益为主;体育产业的经济性质是商品经济,运行机制靠市场调节,要求以经营为主,在提高社会效益的前提下努力提高经济效益。

(二)体育产业分类范围

体育产业包括:体育管理活动,体育竞赛表演活动,体育健身休闲活动,体育场地和设施管理,体育经纪与代理、广告与会展、表演与设计服务,体育教育与培训,体育传媒与信息服务,其他体育服务,体育用品及相关产品制造,体育用品及相关产品销售、出租与贸易代理,体育场地设施建设等。

1. 体育管理活动

体育管理活动主要包括体育社会事务管理活动、体育社会组织管理活动、体育保障组织管理活动三类。

(1)体育社会事务管理活动

体育社会事务管理活动指各级政府部门体育行政事务管理机构的管理活动。

(2)体育社会组织管理活动

体育社会组织管理活动指体育专业团体、体育行业团体和体育基金会等的管理和服务活动。

(3)体育保障组织管理活动

体育保障组织管理活动主要涉及体育战略规划、竞技体育、全民健身、体育产业、反兴奋剂管理服务等方面。

2. 体育竞赛表演活动

体育竞赛表演活动主要包括职业体育竞赛表演活动、非职业体育竞赛表演活动两类。

(1)职业体育竞赛表演活动

职业体育竞赛表演活动指商业化、市场化的职业体育赛事活动的组织、宣传、训练,以及职业俱乐部和运动员的展示、交流等活动。主要包括足球、篮球、排球、棒球、乒乓球、羽毛球、拳击、马拉松、围棋、电子竞技等运动项目。

（2）非职业体育竞赛表演活动

非职业体育竞赛表演活动指非职业化的专业或业余运动项目比赛、训练、辅导、管理、宣传、运动队服务、运动员交流等活动，以及赛事承办者和相应推广机构等组织的活动。

3. 体育健身休闲活动

体育健身休闲活动主要包括运动休闲活动、群众体育活动（民族民间体育活动、其他群众体育活动）、其他体育休闲活动三类。

（1）运动休闲活动

运动休闲活动是主营或兼营面向社会开放的休闲健身场所和其他体育娱乐场所管理活动的组织和机构。包括综合体育娱乐场所、健身会所、健身俱乐部、高尔夫球会所、户外运动机构、体能拓展训练机构等以营利为目的、独立核算的企业法人单位，以及星级宾馆饭店中提供体育健身休闲服务的部门。

（2）群众体育活动

群众体育活动包括民族民间体育活动和其他群众体育活动。

民族民间体育活动指区域特色、民族民间体育（其中包括少数民族特色体育）以及体育非物质文化遗产的保护等活动。

其他群众体育活动指由各级各类群众体育组织（其中包括各级体育总会、基层体育俱乐部等）、体育类社会服务和文体活动机构、全民健身活动站点等提供的服务和公益性群众体育活动。

（3）其他体育休闲活动

其他体育休闲活动指体育娱乐电子游艺厅服务，网络体育游艺、电子竞技体育娱乐活动，游乐场体育休闲活动等。

4. 体育场地和设施管理

体育场地和设施管理主要包括体育场馆管理、体育服务综合体管理、体育公园及其他体育场地设施管理三类。

（1）体育场馆管理

体育场馆管理指由政府投资或筹集社会资金兴建，各级体育行政部门或国有资产管理部门管辖的具有独立法人的体育场馆，如体育中心、综合性体育场（馆）、游泳场（馆）、篮球场（馆）、羽毛球场（馆）、乒乓球房（馆）等。

（2）体育服务综合体管理

体育服务综合体管理指以运动健身、体育培训、体育用品销售、运动康复等体育服务为主，融合餐饮、娱乐、文化等多项服务的综合体的管理。

（3）体育公园及其他体育场地设施管理

体育公园及其他体育场地设施管理指对设在社区、村庄、公园、广场等可提供体育服务的固定安装的体育器材、临时性体育场地设施和其他室外体育场地设施的管理（全民健身路径、健身步道、拼装式游泳池），以及对体育主题公园的管理等。

5. 体育经纪与代理、广告与会展、表演与设计服务

体育经纪与代理、广告与会展、表演与设计服务主要包括体育经纪与代理服务（体育经纪人、体育保险经纪服务、体育中介代理服务、体育票务代理服务）、体育广告与会展服务（体育广告服务、体育会展服务）、体育表演与设计服务（体育表演服务、体育设计服务）三类。

（1）体育经纪与代理服务

体育经纪与代理服务指体育保险经纪服务、体育票务服务和体育票务代理服务。

（2）体育广告与会展服务

体育广告与会展服务指各类体育广告制作、发布等活动。

（3）体育表演与设计服务

体育表演与设计服务指体育产品工业设计、体育服装设计、体育产品和服务的专业设计、体育和休闲娱乐工程设计等服务。

6. 体育教育与培训

体育教育与培训主要包括学校体育教育活动和体育培训两类。

（1）学校体育教育活动

学校体育教育活动指专业体育院校的教学活动，高、中等院校的体育运动、体育经济、体育管理等专业的教学活动，各级各类学校的体育课程教学活动，各级各类学校的校园体育活动。

（2）体育培训

体育培训指各种体育培训机构、专项运动俱乐部的体育技能培训（武术、棋类、赛车、气功、航空等），青少儿体育培训，体育经营管理、创意设计、科研、

中介等体育专门人才培训。

（二）体育传媒与信息服务

体育传媒与信息服务主要包括体育出版物出版服务、体育影视及其他传媒服务、互联网体育服务、体育咨询、体育博物馆服务、其他体育信息服务等六类。

1. 体育出版物出版服务

体育出版物出版服务包括体育类图书、报纸、期刊、音像制品、电子出版物出版和数字出版服务。

2. 体育影视及其他传媒服务

体育影视及其他传媒服务包括体育新闻的采访、编辑和发布服务，体育广播、电视、电影等传媒节目的制作与播出以及体育摄影服务等。

3. 互联网体育服务

互联网体育服务包括互联网体育健身与赛事服务平台，体育 App 应用，以及互联网体育信息发布、体育网络视听、体育网络直播、体育大数据处理、体育物联网和"体育＋互联网＋其他业态"的融合发展活动等其他互联网体育服务。

4. 体育咨询

体育咨询服务包括决策咨询、技术咨询、管理咨询以及专项咨询等。

5. 体育博物馆服务

体育博物馆服务包括展现体育历史发展过程、收藏展示体育文物、宣传体育科普知识、弘扬体育文化、传承体育精神等。

6. 其他体育信息服务

其他体育信息服务包括电子竞技数字内容服务、体育运动地理遥感信息服务和其他数字体育内容服务，以及体育培训、赛事、健身软件和电子竞技产品制作等体育应用软件开发与经营等信息技术服务。

（三）其他体育服务

其他体育服务主要包括体育旅游服务、体育健康与运动康复服务、体育彩票服务、体育金融与资产管理服务、体育科技与知识产权服务五类。

1. 体育旅游服务

体育旅游服务包括观赏性体育旅游活动（如观赏体育赛事、体育节、体育表演等内容的旅游活动），组织体验性体育旅游活动的旅行社服务，以体育运动为目的的旅游景区服务，以及露营地、水上运动码头、体育特色小镇、体育产业园区等的管理服务。

2. 体育健康与运动康复服务

体育健康与运动康复服务包括体质测试与监测服务，运动理疗服务，运动康复按摩服务，科学健身调理服务，科学健身指导服务，专科医院、中医院和疗养院提供的运动创伤治疗、运动康复等服务，运动康复辅具适配服务，运动减控体重、运动养生保健等其他体育健康服务。

3. 体育彩票服务

体育彩票服务包括足球彩票、篮球彩票、竞彩足球、竞彩篮球、竞彩网球、竞彩排球、竞彩羽毛球等其他竞技项目的彩票等。

4. 体育金融与资产管理服务

体育金融与资产管理服务包括体育基金（含体育产业投资基金）管理服务、运动意外伤害保险服务、体育投资与资产管理服务、体育资源与产权交易服务。

5. 体育科技与知识产权服务

体育科技与知识产权服务包括体育科学研究服务，运动医学和实验发展服务，体育装备新材料研发，体育知识产权相关服务。

二、体育产品

现代经济学认为，产品是指能提供给市场，用于满足人的某种欲望或需求的任何事物。产品的整体概念是指通过交换能够满足消费者某种需要和利益的物质产品和非物质形态的服务。物质产品（有形产品）主要包括产品的实体及其品质、特色、式样、品牌和包装，它们能够满足消费者对使用价值的需要。非物质形态的服务产品（无形）则有很大的不同，它们大都是无形的、难于感知的，但可以给消费者带来利益和心理上的满足和信任感，具有象征性价值，可以满足人们精神及心理上的需要。

（一）体育产品类型

体育产品类型按不同的目的有多种分类方法，如按产品的耐用性、形态、消费者购买习惯、季节、活动空间、活动项目等分类。体育市场是体育产品完成交换过程的载体，没有体育产品就没有体育市场，市场营销观念上的体育产品分类，应围绕体育市场的划分来讨论体育健身产品才更有实际意义。体育市场营销的产品具有一般产品的基本属性，即有形与无形、实物与非实物。

1. 体育有形产品

按人们通常的理解，产品就是劳动生产物，是具有某种特定物质形状和用途的物质。从市场营销观念上来考察产品，其内涵就不仅是指产品实体本身，而是一个更广泛的整体概念，即通过市场能满足消费者某种需要或获得某种利益的物质产品和非物质形态产品。

产品实体性（有形部分）指呈现在市场上的产品的具体形态，包括产品的实体及其品质、式样和包装等。它体现产品的自然属性，是产品价值的物质承担者。体育有形产品具有一般产品的基本属性，即实体部分，如体育器材、体育用品、健身营养食品和各种健身娱乐用具等。

2. 体育无形产品

体育无形产品是以非实物形态向社会提供各类体育服务，以满足人们健身、娱乐和精神需要的产品。无形产品是以非实物形态向消费者提供的各类服务（劳务），其特点是产品和生产过程、交换过程与消费过程同时发生，并且产品无法储存，所有权不发生转变。由此构成了服务产品的不可感知性和易消失性；生产过程是在消费者直接或间接参与下完成的，产品的性能和质量依据消费者的主观感觉做出评价，所以因购买服务的个体存在差异，形成了对同一服务的不同评价，服务质量具有不确定性的特征。

体育服务又称为"体育劳务"，如健身俱乐部企业出售的健身卡，健身卡不是价值所在，健身俱乐部提供的服务才是顾客购买的目标。体育服务提供的无形产品不像有形产品那样可以储存待售，如球场空位、大型体育健身活动售票不足、健身培训参加者不多等均为组织承办者的损失；体育服务市场随着季节及时间的变动对劳务需求产生不均衡性，如滑雪、溜冰、游泳等活动和体育旅游提供的劳动服务有明显的季节性。体育服务的品质具有差异性，不同的购买者对同一种服务所得到的利益，即满足感是不一样的，提供服务者的资信度往往依据购买者之间的评定得到认同。

体育无形产品大体可归纳为以下三类：

（1）观赏类产品

观赏类产品包括体育竞赛表演和体育旅游等。体育竞赛表演是体育产品的主要形式之一，也是体育产品中商业价值最大的部分。世界大型赛事，如世界杯足球赛、奥运会、职业拳击赛、欧洲和美洲职业足球赛等都是具有典型意义的营利产品；我国的体育赛事市场正处于规模增长阶段，如足球、篮球职业俱乐部等举办的联赛等，从2016年至2020年，我国体育赛事市场总规模由1691亿元增长至3600亿元，实现了翻倍增长，预计到2025年我国体育赛事市场将超过5万亿元。

体育旅游是国家旅游业的重要组成部分，体育旅游和文化有直接关系，如中华武术太极拳、气功；北派少林、沿海南拳；内蒙古草原的骑射、摔跤、"那达慕"盛会，南方水乡的龙舟赛；黄河飞越、长江漂流等，这些中国传统的体育文化产品极具市场开发潜力。随着国民可支配收入的增加，旅游消费正面临从物质消费向精神消费的升级跃迁，使得观赏性体育运动的地位、流行程度和市场获利能力日益增强，体育消费市场将展现出更为广阔的发展空间。

（2）参与类产品

参与类产品包括体育医疗、康复、保健以及体育培训等。其中，体育彩票历史悠久，在欧洲等国家的体育事业中发挥着重要作用。英国作为现代体育彩票的发源地，其规制建设方面相对比较成熟。我国体育彩票事业起步较晚，直至1994年政府才逐步开始发行销售，体育彩票也是体育部门筹集资金、经费的有效手段之一。

（3）中介信息类产品

体育中介是指体育组织或个体为实现体育产品或服务的交易，充当媒介而形成的中介活动领域和产生的各种代理关系。体育中介依据其市场功能，大致可分为经纪类、咨询类和监督类三个主要类别。经纪类（我国体育中介业中发展最早也是最快的领域）主要包括各类体育经纪公司、体育推广公司、体育传播公司以及个体体育经纪人等；咨询类主要包括体育资产评估、体育市场顾问公司等；监督类主要包括各类律师事务所、仲裁机构、审计机构、会计事务所等。体育中介市场是体育市场的重要组成部分，对核心市场的规范发展产生极大的制约作用，促进体育市场主体之间的交易活动，降低市场运作成本，提高市场效率，推动体育市场中各类资源有序流动，保护市场主体的合法权益，维护市场公平竞争秩序，对体育市场的发展与完善发挥着无可替代的特殊作用。

以上分类仅是对目前体育市场中存在的体育产品进行的简单介绍。体育产品进入市场，需根据利益最大化原则实现资源的优化组合，提高资源的配置效率，从市场的发展可以预测，随着目前人们收入及生活水平的提高、文化生活的日益丰富以及我国科技创新步伐的加快，体育产品的形式和内容会有更大的发展，同时对体育产品的开发也会提出更高的要求。

（二）体育产品的种类

在市场营销活动中，体育新产品的含义与科学技术创新的定义并不完全相同，按照新产品的新颖程度，可将其划分为全新产品、换代产品、改进产品、仿制产品四种类型。体育新产品是相对体育老产品而言的，一般来说，它是企业初次试制成功的产品，或者全新的服务，或是在结构性能、制造工艺、形状材质等某一方面或几个方面比体育老产品有显著改进的产品。根据体育市场开发需要适销对路的体育新产品，并推向市场，为广大体育消费者所接受，满足不断增长的体育健身娱乐需求，对体育生产经营企业来说，是至关重要的事。发展体育新产品是衡量一个体育生产企业科学技术水平与开发研制水平的重要标志，是提高企业竞争力的重要保证，也是企业提高经济效益的重要途径。

1. 全新体育产品

全新体育产品指采用新科学技术、新材料、新设计研制的体育产品。全新产品的开发依赖于科学技术和新材料。全新产品的出现往往会推动一项体育活动的展开或提高某项运动训练效果。当今高科技的发展又为新产品的开发提供了极为有利的条件，高科技已经渗透体育产业的各个领域，从比赛器材到场地设备，从运动服装、运动鞋到大量的辅助性运动装备，都涉及高科技新材料，如智能衣、智能鞋、智能球，提供体育观众现场观赛或其他渠道观赛的各种智能服务与体验、体育场馆的智能安全维护管理、体育教学、社交媒体平台上运动员与粉丝的实时对谈交流等。

2. 换代体育产品

换代体育产品指在原有产品的基础上，部分采用新材料、新技术，革新原体育产品的工作原理或性能，使产品性能得到显著提高。例如，乒乓球拍面的改革。拍面最早是硬板，然后换海绵；海绵上贴朝外胶粒，术语称为"正胶"；发明弧圈球技术之后，为增加拍对球的控制和摩擦力，又换"反胶"。再如，撑杆跳高的撑杆材质的变化，海绵垫替换沙坑增加了安全系数，对跳跃高度项目、体操动作的改进和提高难度起到至关重要的作用等。

3. 改进体育产品

改进体育产品主要指在原有体育产品的基础上对结构材料、性能做出改进。改进体育新产品的例子有很多，如耐磨人造草坪、矢量技术在运动地板中的应用、体育场馆设施集成及智能控制系统、垂直升降篮球架、无缝跑道、电动升降篮球架等。随着人工智能时代的到来，智能化体育用品的转型升级也成了助力健康中国发展的必然手段，因此，体育企业也面临产业结构优化、产品升级以及增强产品核心竞争力等问题。

4. 仿制体育产品

仿制体育产品指模仿市场上已有的产品而生产的，也称作"本单位的新产品"。从市场竞争和经营上看，在新产品开发中，仿制是不可能排除的。有些技术性较强、具有一定科技含量和巧妙构思的产品，应申请专利，接受法律保护。

（三）体育新产品开发

开发体育新产品是为了满足体育消费者的某种需求，在制定开发新产品计划时，要根据市场的变化，以慎重的市场调查为基础，同时应注意以下四个基本要求：

1. 有市场

有无市场是新产品开发决策的关键。必须做好对市场需求的调查分析和预测，适应社会经济生活发展趋势，研究开发适销对路的新产品，保证有一定的市场容量。同时，全新产品是否能被消费者接受，还有培育市场的问题，仅"培育"市场问题就值得去探索消费者心理，研究促销策略、方法、技巧等。

2. 有特色

"特色"就是突出新开发的产品区别于同类产品的新的性能、新的用途或新的款式等，用以激发消费者的购买欲望，满足他们的消费需要和求新心理。"耐克""帕克""彪马"等一批知名体育健身用品公司都以各自的产品特色在消费者心目中留下了深刻的印象。

3. 有能力

有能力即量力而行，认真分析本单位开发某种新产品的技术力量、生产条件、资金和原材料等具体问题。例如，某新产品技术含量高、生产设备及投入资金超出本企业的实力，可考虑与其他单位联合，"借鸡生蛋"，从而形成规模，组织批量生产，降低风险。同时，可以考虑出卖专利或以技术入股合作。

4. 有效益

体育新产品开发应兼顾经济效益和社会效益两个方面。经济效益是生存和发展的基础，但不能唯利是图，为市场提供适销对路的新产品，满足人们日益增长的体育需要是经营者应尽的社会责任。

（四）开发体育新产品的程序

生产经营者要使产品持久地占领市场，只有两条途径：一是研发新产品，二是开拓新市场。因此，着眼于市场，以满足消费者需求为己任，顺应人们求新、求变、求发展的消费心理，不断地推陈出新，适应市场变化，才能在竞争中取得优势。开发体育新产品可采用独立研究开发或协作开发的方式。无论采用何种方式，都是一项难度较大、深入细致的工作，都需要按照市场供需矛盾，精心组织实施。这个过程一般都要经过寻求产品构思、筛选构思、形成产品概念、制定初步营销策略、商业分析、产品研制、市场试销、正式上市八个步骤。

1. 寻求产品构思

构思是任何新产品开发的起点，是对未来新产品的基本轮廓、框架的设想。寻求新产品构思必须有一套系统的规定，明确新产品发展的行业范围、目标市场、产品定位、资源分配、投资收益率等。新产品构思有许多来源，既可能来自本单位内部，如科技人员和市场营销主管人员，也可能来自外部，如消费者、竞争对手以及同行的经验等，都是获得构思的主要来源。

2. 筛选构思

构思完成以后，必须根据自身的资源、技术和管理水平等进行筛选。正确的筛选应该根据企业内外部的具体条件全面分析衡量，谨慎地决定取舍。目前常利用市场大小、市场增长情况、产品质量与水平、竞争程度等因素综合分析进行筛选。应该指出的是，没有一套标准能适用于所有类型产品的开发，要根据自身的具体情况去确定筛选标准。

3. 形成产品概念

经过筛选后的新产品构思，还要进一步形成比较完整的产品概念，包括产品的概念发展和产品概念测试两个步骤。在概念发展阶段，主要是将体育产品的构思设想转换成体育产品概念，并从职能和目标意义上界定未来体育产品，然后进入测试阶段。测试目的是了解目标消费者对新产品概念的看法和反应。此外，在发展和测试概念过程中还要对体育产品概念进行定位，即将该产品的特征同竞争对手的产品进行对比，并了解它在消费者心目中的位置。

4. 制定初步营销策略

确定未来产品的初步营销策略，包括整体营销策略思想、市场策略、产品策略、价格策略及促销策略等。营销策略思想是决定产品策略的唯一指导原则；在市场策略中，要对目标市场进行界定和有效细分，市场细分的合理性决定着市场定位是否成功；产品策略中的产品定位是产品对市场定位的具体表现，实现产品与目标市场的一体化。价格策略的价格定位是制定价格政策的指导原则。促销策略主要是确定促销推广重点和促销项目整合的策略思想。

5. 商业分析

对体育产品概念的发展和测试完成后，还要详细分析该体育产品开发方案在商业领域的可行性，具体的商业分析包括很多内容，如推广该项体育新产品的人手和额外的物质资源、市场销售状况预测、成本和利润率、消费者对这种创新的看法以及竞争对手的可能反应等。

6. 产品研制

经商业分析如有开发价值，就可进入具体的体育产品的实际开发阶段。这表明企业要对此项目进行投资，招聘和培训新的人员，购买各种设施，建立沟通系统。此外，对体育无形产品还要建立或测试构成此产品的有形要素。

7. 市场试销

由于体育无形产品的不可感知性，只有实际的市场销售，才是检验体育无形产品优劣的最为可行的办法。进行试销前要制定产品试销方案，主要内容应包括试销地点的选择与确定。试销地点的选择标准要与市场消费水平和主流风格、试销产品的价格水平和风格相吻合。例如，试销产品为健身服务，试销地点居民的消费水平、文化要与企业的定价、装修档次相当。试销工具与经费预算。试销经理制定试销工具，试销工具包括顾客信息及意见反馈表、销售数据统计表、调研反馈表，顾客信息及意见反馈表的内容包含顾客年龄、性别、职业、教育程度、关注产品哪些因素、消费动机以及对产品的意见和建议等。试销实施后要撰写产品试销报告。由试销经理整理试销收集的资料，对试销进行总结报告，通过试销分析得出结论。公司领导召集各部门经理开会讨论试销得出的结论，对试销结论进行决策。

8. 正式上市

试销成功的体育新产品即可正式营业上市。在正式上市之前，应考虑新产品的推出时机、推出地点以及新产品的目标消费者。运用各种营销策略，使消费者接受，将新产品成功打入市场。

三、体育创业项目选择

创业需要机会，创业者识别新的创业机会是创业的初始阶段。机会是客观存在于外部环境之中的，需要创业者去发现。比如，环境的变化会给各行各业带来良机，人们通过这些变化会发现新的前景。变化可以包括产业结构的变化，科技进步，通信革新，政府放松管制，经济信息化、服务化，价值观与生活形态变化，人口结构变化等。创业机会既可以被发现，也可以被创造，创业者对体育新产品的开发创新就是创业机会的创造。对创业来说，企业经营能否获得成功，在很大程度上取决于投资者的项目决策。若企业投资项目符合消费需求，企业就有可能在开始营业后的短时期内吸引大量消费者，快速收回成本；反之，企业即使花费很大精力进行促销，也未必能够在市场上占据有利地位，也无法达到预想的经营目标。

（一）体育创业项目选择的原则

在体育产业迅猛发展、体育项目日益丰富的情况下，创业项目选择是一项难度很大的工作，体育创业者首先要在对体育产业及产品项目充分了解的前提下科学、理性地选择创业项目，创业者要结合自身创业条件和行业特点，本着充分利用当地自然资源和社会资源、资金投入与创办规模匹配的原则，发挥自身专长，精准确定企业的项目、规模等，完成创业项目的选择。衡量所选项目是否理想，应把握以下四个原则：

1. 满足市场需求

市场需求是企业生存的基础。有需求才会有消费，必须以市场需求为导向，了解体育市场中大众的需求，需求越迫切，受众越广，提供的服务越有价值。创业就是在服务中体现价值的过程，需要了解服务对象是哪些群体，以及客户的需求，如精神文化需求、物质需求、潜在需求等；充分利用自身优势和可控资源，了解自己的核心竞争优势，考虑好如何应对现在或者未来的竞争对手，以谋求长远的、持续的竞争优势。这是创业之初要考虑的因素。

2. 讲求特色

特色就是与众不同，它是企业对客源具有吸引力的根本。在市场竞争激烈的今天，选择那些具有垄断性项目的机会愈来愈少了，企业所能做的就是在看似普通的项目中加入各种特色内容，如营业场所装修特色、专业服务特色等，使项目明显地区别于竞争对手。

目前，体育产业领域许多项目的市场供给还远未达到饱和状态，在项目选择和设计上做到特色经营是共同培育市场、避免恶性竞争、企业经营制胜的法宝。

3. 先进的原则

先进的原则是指所选择的项目本身应尽量是国际上或本地最新潮、最流行的，还指虽然项目本身并不是最新出现的活动，但所采用的项目设施和设备是最先进的。体育行业是新科技、新观念、新生活方式的综合反映，体育服务设备的科技含量越来越高，消费者对于项目的先进性要求也十分明显。体育企业给消费者带来的乐趣中就包含了先进带给他们的惊喜，如微电脑乒乓球发球机、电脑测控跑步机、室内高尔夫球场等。这些高科技的先进设备为满足人们的精神需求提供了更广阔的空间。

4. 符合当地人文环境

我国地缘广阔，各地人文环境具有差异，欣赏趣味不可避免地带有本土文化背景的色彩，导致人们的体育消费观念也不同。体育产业以服务业为主，以健身娱乐消费为目标市场，在项目选择和设计上应考虑当地的风俗和文化特点。

（二）体育创业项目调查

根据以上原则，在具体的选择过程中必须进行大量的调查工作，使项目选择具有科学依据。

1. 了解项目自身吸引力的大小

体育产业项目以服务业为主，体育消费需求并非人们生活中的基本需求，所以需要了解项目的消费人群对该项目的消费态度，通常认为，如果该项目是消费者长期需要的，能够让消费者身心受益，并且在消费中不过多计较金钱，项目才会长久地吸引客人，投资者才可能得到丰厚的回报。因此，在进行项目选择时，首先要了解哪些项目具有这样的潜力，并选择其中最适合投资者条件的项目予以投资，这是未来企业经营成功的基础。

2. 了解国内外行业的发展趋势

体育消费具有潮流性，潮流方向具有从社会经济较发达地区流向社会经济较落后地区的规律。因此，对消费潮流方向的研究仅针对当时和当地是无法保证企业投资建成后在市场上占据有利地位的，必须拓宽思路，研究其他国家和地区的体育消费潮流，特别是社会经济较发达的国家和地区，选择那些先进的、能够代表现代人消费发展方向的健身项目作为企业的投资对象，才有取胜的把握。

3. 了解本地人的体育消费习惯

体育消费活动是具有明显文化性质的活动，它不仅与社会经济发展水平密切相关，而且与地区的民族性格、文化背景、风俗习惯、传统观念、平均受教育程度等文化因素有着千丝万缕的联系。因此，既要了解当地人的传统观念、地方风俗以及体育消费习惯，又要充分地预见这些文化因素未来的变化，以确保所选择的项目成为最具投资价值的项目。

4. 了解同行情况

对企业来说，目标市场的需求越大越好，供给则越少越好，形成卖方市场态势，才有可能使企业的利润达到最大化。在市场需求既定的情况下，相同供给的增加会给企业带来经营压力，企业的利润也会随之递减。当供给与需求平衡，市场饱和或供给超过需求，市场成为买方市场时，企业的经营就会在激烈的竞争中变得十分艰难。因此，要考虑体育消费市场现有的和潜在的同类供给，了解它们的经营内容、档次定位以及经营情况，了解其中与企业设想的经营项目完全相同的内容有多少，从而选择最有利的项目。

5. 了解自身实力

这里的实力就是战略资源，包括物质、技术、财务、人力资源、社会关系资源等。在创业过程中，如果战略资源储备不足，就会严重影响企业的成长速度。

创业者如果缺少社会关系资源，在企业创建、市场开拓、产品推广、公共关系维护等方面就会举步维艰，甚至难以支撑后期的持续运营。资金是企业的"血液"，无论是公司的创建，还是后期公司的持续运营、业务扩张等，都离不开充足的资金储备与保障。了解自身的资金实力的目的有两个：一是可以决定创业企业的规模和档次，二是当了解自身与竞争对手势均力敌时，可否凭借资金优势在短时间内弥补不足，突破竞争壁垒，最终赶超竞争对手。这里的技术主要是指创业者赢得客户信赖的技术或者独树一帜的服务，核心技术是赢得市场的关键要素，独到的见解或技术是项目的优势，在创业过程中显得越来越重要。自己拥有的专业技术能否经得起市场的考验，能否很快被竞争对手超越，这一切都需要在实际的创业过程中得到验证。

6. 了解营业场地的适应性

体育健身项目对场地都有着特殊的要求，要选择那些适合场地的项目。比如羽毛球场馆天花板的标准高度为 3.05~4.27 米（10~14 英尺）；室内和室外单打网球场场地标准为：长 23.77 米（78 英尺），宽 8.23 米（27 英尺）；双打场地标准为：长 23.77 米，宽 10.97 米（36 英尺）；候场标准为：两端 5 米，两侧 3 米，通用网球场面积为：$(23.77+5\times 2)\times(10.97+3\times 2)=573$（平方米）；围栏高度为：高于 2.5 米，最好达到 4 米；室内场地天棚高度为：不低于 12 米。只有拥有合乎要求的场地，才能选择这些项目作为企业的经营内容。

四、体育创业准备

创业是实现自我理想、自我价值的途径，创业过程中充满艰辛和未知，不可贸然为之。要想创业，并且取得成功，前期的准备一定要充分，所谓"凡事预则立，不预则废"，前期的准备非常重要。创业前的准备对创业成功与否有着至关重要的作用，体育专业学生由于将大量时间用于体能训练、运动技巧的学习上，所以创业前需要思考进行哪些知识的补充，思考自己的专业知识背景和各方面的能力，看自己适合经营什么样的项目。做什么事情都要先认识自己，只有先认识自己，才能更好地认识其他事情，才能准确地把握创业的脉搏。

（一）创业素质

创业是极具挑战性的社会活动，是对创业者自身智慧、能力、气魄、胆识的全方位考验。一个人要想获得创业成功，必须具备基本的创业素质。基本的创业素质包括创业意识、创业心理品质、竞争意识。

1. 强烈的创业意识

要想取得创业成功，创业者必须具备自我实现、追求成功的强烈的创业意识。强烈的创业意识可以帮助创业者克服创业道路上的各种艰难险阻，将创业目标作为自己的人生奋斗目标。创业的成功是思想上长期准备的结果，事业的成功总是属于有思想准备的人，也属于有创业意识的人。

2. 良好的创业心理品质

创业之路是充满艰险与曲折的，自主创业指一个人去面对变化莫测的激烈竞争，以及随时出现的需要迅速正确解决问题和矛盾，这需要创业者具有非常强的心理调控能力，能够持续保持一种积极、沉稳的心态，即有良好的创业心理品质。创业心理品质是对创业者在创业实践过程中的心理和行为起调节作用的个性心理特征，与人固有的气质、性格有密切的关系。综合创业者的研究资料可以发现，创业者应具备的创业心理品质包括创新能力和创造性人格，其中创新能力包括智力因素和非智力因素，智力因素包含视知觉能力，即观察力、记忆力、想象力、直觉力、逻辑思维能力、辩证思维力、选择力、操作力、表达力等；非智力因素主要包含创造欲、求知欲、好奇心、挑战性、进取心、自信心、意志力等。创造性人格包括批判继承、综合创新、探索精神、敢冒风险的大无畏勇气、抗压精神、开拓精神、勤俭、艰苦、自信自强的精神。

3. 竞争意识

竞争是市场经济最重要的特征之一，是企业赖以生存和发展的基础，也是立足社会不可缺乏少的一种精神。人生即竞争，竞争的目的是取胜。随着我国社会主义市场经济从低级向高级发展，竞争愈来愈激烈。从小规模的分散竞争，发展到大集团集中竞争；从国内竞争，发展到国际竞争；从单纯产品竞争，发展到综合实力竞争。因此，创业者如果缺乏竞争意识，实际上就等于放弃了自己的生存权利。创业者只有敢于竞争、善于竞争，才能取得成功。创业者创业之初面临的是一个充满压力的市场，如果创业者缺乏竞争的心理准备，甚至害怕竞争，就只能一事无成。

（二）全面的创业能力

创业能力是一种特殊的能力，这种特殊能力往往影响创业活动的效率和创业的成功。通过对大量成功创业者的能力素质及其表现行为的综合分析，成功的创业者具备的能力素质特征包括：成就特征——动力、竞争意识、冒险精神服务与助人特征——服务能力、理解体谅管理特征——决策力/个人视野、组织协作能力影响特征——价值观引领、说服、建立关系能力，认知特征——专业知识及学习、经营与变革、信息收集个人特征——诚信正直、自信心、纪律性、毅力、适应能力。创业者能力素质有些是天生的，有些可以后天培养，创业者首先要认识自己，了解自己，有意识地培养自己，以适应创业过程的需要。

（三）知识储备

创业者的知识素质对创业起着重要作用。只具备单一的专业知识就想成功创业是很困难的。创业者要进行创造性思维，要做出正确决策，必须掌握广博的知识，具有一专多能的知识结构。体育类创业者创业前的知识准备包括以下四点：

1. 法律知识

创业者掌握和运用法律知识可以提高创业成功率和企业竞争力。法律意识的培养可以让创业者学会运用法律人的理性思维看待和处理市场经济中激烈的竞争关系，采取合法手段创造财富和维护合法权益，具有良好的法律意识、诚信经营的企业才有机会在市场中生存下去。与创业相关的法律包括《中华人民共和国公司法》《中华人民共和国合伙企业登记管理办法》《中华人民共和国合同法》《中华人民共和国劳动合同法》《中华人民共和国会计法》《中华人民共和国企业所得税法》《中华人民共和国个人所得税法》《中华人民共和国专利法》《中华人民共和国商标法》等。

2. 经营管理知识

经营管理是指对人员、资金的管理，既涉及人员的选择、使用、组合和优化，也涉及资金聚集、核算、分配、使用、流动。创业者一旦确定了创业目标，就要组织实施，为了在激烈的市场竞争中取得优势，使创业活动有条不紊地运转，必须学会经营和管理。经营管理知识包括《领导学》《管理学》《市场营销》《财务战略》《风险管理》等。

3. 辅助知识

辅助知识的作用是提高管理基础技能，适应社会发展。辅助知识包括外语、计算机、写作、社交礼仪、个人发展、商业基础、金融技能等。

4.其他知识

创业者还需具备一些有关社会生活、文学等知识。

（四）心理准备

创业者在创业过程中要面对复杂的人和事，需要有承担创业压力和处理压力的准备和能力。正因为创业之路不会一帆风顺，所以创业者如果不具备良好的心理素质、坚韧的意志，一遇挫折就垂头丧气、一蹶不振，那么在创业的道路上就走不远。创业者只有具备处变不惊的良好心理素质和愈挫愈强的顽强意志，才能在创业的道路上自强不息、竞争进取、顽强拼搏，才能从小到大、从无到有，闯出属于自己的一番事业。创立一项新的业务意味着风险，回报越高，面临的风险通常越大。这些风险可能是财务、职业生涯、家庭、社会甚至精神方面的，创业者不能单凭热情、勇气，要有承担风险后果的心理准备。

第二节 体育市场与市场机会

创造客户价值是企业存在的根基，创业项目能够满足市场的哪些需求，能够为顾客提供哪些价值，这是创业之初需要考虑的。一个创业者即使具备了能力素质、丰富的战略资源、充足的资金、先进的技术、良好的机会，但创业项目没有市场空间，所销售的商品销路不佳，无市场需求，企业也可能解决不了最起码的生存问题，何谈成功创业。满足市场需求、为顾客创造价值是创业成功的前提之一，创业者在创业之初首先要了解市场，借助市场调查的客观方式来评估整个市场状况、消费导向以及同业竞争态势，以掌握市场先机。

一、体育市场概述

体育市场是指以商品形式向人们提供体育产品或对体育物质产品和劳务进行交换的场所与交换关系。体育市场的交换对象是体育服务和相关的体育物质产品。

（一）体育市场要素

体育市场要素通常是指构成体育市场的基本因素。

1. 体育产品的消费者

体育市场的主体应当包括体育产品的生产者和消费者。从营销学的角度看，研究市场更应研究分析现实消费者和潜在消费者的需求。体育消费者又包括集体消费者和个人消费者。消费者的体育消费意识和体育消费购买力起着决定性作用。

2. 体育产品的生产者

根据体育消费者的需求，体育产品的生产者向市场提供适销对路的商品，体育产品的生产包括体育有形产品（体育用品）和体育无形产品（体育服务）的生产和提供。

3. 体育中介组织

中介组织是市场供求双方的重要桥梁，它的作用是把生产者和消费者紧密联系起来，起到传播信息、释疑解惑、舆论监督的作用，在现代市场营销中具有重要作用。体育中介组织可以根据预测的体育市场行情变化，为体育市场供需双方寻求利益共同点，通过媒介的宣传报道扩大体育产品的知名度，提高人们对体育产品的认识，培养体育消费意识，刺激体育消费需求，促进体育市场良好发展。

4. 体育法律法规体系

体育法律法规体系是体育市场各种法律、制度、条例等的总和。市场经济是法治经济，没有法治保障，市场经济体制就不可能确立和完善起来。同样，体育市场要健康发展，必须有一定的法律法规体系做保障，缺乏法规的市场是不能健康发展的。随着我国体育事业的蓬勃发展，相关法律法规也逐步完善，如《中华人民共和国体育法》《体育标准化管理办法》《全民健身计划（2021—2025年）》《公共文化体育设施条例》《体育场馆运营管理办法》《全民健身基本公共服务标准（2021年版）》《群众性体育赛事活动组织运营服务规范》等。体育市场在一定的法律法规体系的保障下，才能实现公平、公正的竞争，促使其朝着健康、繁荣的方向发展。

（二）体育市场性质

按照体育市场的含义，可将体育市场的性质归纳为三个方面。

1. 体育市场是消费品市场的一部分

市场体系是各种类型市场的有机统一，它包括生活资料市场、生产资料市场、资金市场、技术市场、劳动力市场、信息市场和房地产市场等。体育市场是商品市场的一部分。商品市场还包括生产资料市场和消费资料市场。在消费资料市场上，既有衣、食、住、用等实物形式的消费资料，又有文化、娱乐、旅游以及交通服务等非实物形式的消费资料。从体育消费的构成上看，虽然也存在体育用品等实物形式的消费资料，但就整体而言，体育消费资料的主要部分还是各类体育服务，属于非实物形式的消费品。因此，以体育服务为主要交换内容的体育市场，也是消费资料市场中非实物形式消费品市场的一部分。

2. 体育市场是大文化市场的一部分

体育是大文化概念中的一部分，在大文化范围内，除了基础教育和基础研究等一般不能进入市场之外，其他各部分都在不同程度上进入市场。体育市场是大文化市场的组成部分，但体育市场与其他文化市场相比，又有着自身的特点。

3. 体育市场既是消费者市场，又是经营者市场

市场按购买者的目的与任务的不同，可划分为消费者市场、生产者市场、经营者市场和政府市场等。体育市场主要是提供满足个人体育消费服务需求的市场，其消费者以消费者本人或家庭成员为主，因而具有消费者市场的性质。但各类体育消费资料又可成为经营者买卖的对象，如体育用品市场、体育传播市场、竞赛表演市场、健身娱乐市场、体育中介市场等，多以经营者市场的形态出现。体育经营者市场能把体育生产和体育消费连接起来，从而推动体育市场的发展和促进体育消费的繁荣。

（三）体育市场类型

狭义的市场是指商品交换和买卖的场所，如集市、商店、超市等，这是一个空间概念。广义的市场是指商品交换活动以及商品交换关系的总和。商品的生产者、经营者和消费者为了满足自己与相互的需要，出售自己的商品或从别人手中购买自己所需的商品，在这种交换过程中实现商品的价值，这就是市场。市场反映出生产者、经营者、中间人和消费者之间的经济利益关系。

1. 狭义的体育市场

根据市场的含义，体育市场是指直接买卖体育服务这种特殊消费品的场所，也就是体育场馆、健身娱乐场所、网球场、保龄球馆和项目培训点等地方，消费者通过门票、入场券的购买以及支付培训费用等方式，直接购买各种体育商品。这一含义的市场虽然内容较为具体，但是涉及的范围较窄，因而称为狭义的市场。

2. 广义的体育市场

广义的体育市场就是指全社会体育服务产品交换活动及交换关系的总和。这不仅包括体育无形产品的交换活动，也包括体育有形产品的交换活动，如运动服装、运动器材等，同时还包括一些体育要素的交换活动，如体育资金、体育人才等。

培育与健全体育市场，就要研究体育产品交换关系、交换活动的性质和行为，向市场提供更多的符合需要的产品，改善体育市场的结构，使更多的体育商品进入市场，扩大体育产品的交换领域。

3. 市场学意义的体育市场

市场学意义的体育市场指为了满足体育方面的需求而购买或准备购买体育产品与服务的消费者群体，是体育有形产品和体育服务产品的交换市场。从市场的现实目标与功能角度来看，可将体育市场分为以下几类：

（1）体育竞赛表演市场

体育竞赛表演市场是在体育健身场馆中，运动员以娴熟的技艺、超人的体力和顽强拼搏的精神以及相关组织管理人员的服务质量等作为商品进行交换的场所。它是提高我国竞技运动水平，满足广大群众对高超体育技艺的观赏需要和筹集体育竞赛资金的市场。体育竞赛表演市场作为我国培育体育市场的突破口，已形成一定的规模，以足球市场的改革为试点，推动了我国若干个竞技体育项目竞赛表演市场的发展。竞技表演的价值表现（收入）也随着市场的日渐开放而逐步与国际市场接轨，逐渐纳入市场经济轨道。

（2）体育健身娱乐市场

体育健身娱乐市场是指以开展体育健身娱乐项目为主要形式，把体育健身娱乐及相关的服务作为商品进行交换的场所。它是人们强身健体、娱乐身心的主要活动场所之一，同时也是为体育健身发展筹集资金的主要场所之一。随着经济的发展和人们余暇时间的增加，人们的生活方式有了较大的变化，体育健身娱乐成为越来越多人的生活组成部分。在体育健身娱乐项目不断开发的情况下，体育健身娱乐市场的发展前景较为广阔。

（3）体育培训市场

体育培训市场是指以传授体育运动技术和训练方法等为主要交换内容的场所。涉入这类市场的大多数是青少年业余运动训练队或业余时间参加体育锻炼和运动训练的人群。训练的内容大多数是竞技体育项目，随着体育健身大众化的发展，不同年龄阶层的人将会接受更多体育项目的培训。

（4）体育人才市场

体育人才是生产体育产品的劳动力，一旦进入市场，它本身就成为商品，包括竞技运动人才、教练人才、体育科研人才和体育经营管理人才等。随着国家劳动制度的改革和市场经济的发展，各种劳动力市场逐步形成，体育人才市场的形成也是大势所趋。这对发挥体育人才的主观积极性、合理体现人才的价值、活跃体育市场都有一定的积极作用。

（5）体育科技信息市场

体育科技信息市场是指体育科研成果的开发和转让以及体育书刊、体育录像的销售等市场。培育体育科技成果市场有助于体育科技成果的利用和体育科技产品的开发，是我国实现科技兴体的主要措施之一。随着我国科技信息市场体系的逐步完善和体育管理体制改革的深入，以及奥运争光计划和全民健身计划的广泛实施，体育科技信息具有较大的发展空间。

（6）体育旅游市场

体育旅游市场是指以多种体育活动为内容，通过旅游这种形式为大众提供服务的市场。随着社会的不断发展，旅游越来越成为人们余暇时间休闲生活的一部分。世界旅游事业的持续发展促使旅游市场向着多极化发展，具有刺激性和趣味性的专题旅游已成为人们追求的新时尚，而体育旅游以其内容的多样性、活动的惊险性和目的的高尚性而受到人们的喜爱。体育旅游市场主要包括运动型、健康型、观赏型等类型。

（7）体育广告市场

体育广告市场是指广告客户以付费方式有计划地通过与体育活动密切相关的媒体或形式向公众传递商品、劳务和其他方面的信息，以期达到特定目的的大众传播市场。体育广告不仅通过电视、广播、报纸刊物等媒介传播，也可借助体育比赛期间的比赛场馆、入场门票、比赛秩序册及宣传册等为宣传媒介，甚至还可以用知名运动员或体育名人等做广告媒体。随着我国竞技体育水平的提高和大众健身活动热情的日益高涨，体育运动已被越来越多的人接受和喜爱，以体育活动或与之相关的重大赛事作为媒体的体育广告市场的前景较为广阔。

(8）体育用品市场

体育用品市场是为人们提供从事体育活动所需物质的有形产品市场，主要包括体育健身器械、运动训练器械、体育服装以及体育健身食品等。在体育市场中，由于体育用品市场开发较早，目前已具备一定的规模。随着体育社会化进程的加速发展，体育用品市场会更加成熟和壮大。此外，与体育密切相关的还有体育中介服务市场、体育建筑市场等衍生市场。

二、体育产业、体育市场与体育消费的关系

随着时代的发展，在物质条件改善、精神生活丰富的前提下，人们更加注重对健康体魄的追求，体育消费观念随之建立。体育产业的发展为社会提供了丰富多彩的体育产品，满足了各类群体不同层次的体育消费需求。然而，在市场经济条件下，为保证体育产品的供给能满足居民的体育消费需求，需要建立一种使体育产品的生产与居民的体育健身需求能直接联系的机制，即体育产品的供给与需求机制。由于体育产品价值必须通过市场交换才能实现，因此体育产品供求机制的建立必须通过体育市场得以实现。由此可知，体育市场是连接体育产业与体育消费的纽带和桥梁。

（一）体育消费

人类社会的消费主要有物质产品消费和精神产品消费两种。恩格斯关于人类生存资料、享受资料和发展资料的层次性变化的论述，表现出人类需要层次变化的过程性，也揭示了人类社会消费变化的一般趋势，即人们首先要满足较低层次的需要，在较低层次的需要得到满足后，较高层次的需要才会得以强化，即人们在满足了基本的生活资料（物质产品）后，才开始注重对精神产品（服务产品）的追求。社会经济发展状况和体育社会化程度是刺激体育消费增长的关键因素。伴随着"健康中国"战略的实施、"全民健身计划"的推广，中国体育社会化程度会进一步提高，体育人口会进一步增加，从而形成体育产品及服务在消费基数上的增长。体育消费是大众对精神、健康层面消费的一种形式，是居民消费升级的必然产物。

体育消费主要有三类：一是实物型消费，二是参与型消费，三是观赏型消费。购买运动器材、运动服装、体育报刊的人可称为实物型体育消费者；观看体育比

赛与体育表演的人可称为观赏型体育消费者；参加体育锻炼、接受体育技术培训指导的人可称为参与型体育消费者。

就社会经济发展状况而言，经济水平的不断发展带动了消费结构的优化与消费习惯的改变。随着经济的持续增长和其他社会条件的逐步改善，我国居民的生活水平有了显著提高，体育无形产品消费显著增加，如观赏精彩的体育竞赛或表演，接受体育健身技术指导、健康咨询等。

就体育社会化程度而言，体育社会化程度高、体育意识强的地区，体育人口也会比较多，体育消费总量也会比较大。人均收入和体育消费之间的关系并不是线性的，月收入低于平均水平的消费者会大幅削减其体育消费，尤其是体育服务消费，因此低收入人群占比越低的城市体育消费增长的潜力越大。

居民收入水平是影响体育消费支出最重要的因素。《中国城市体育消费报告》指出，2020年我国人均教育文化娱乐支出2032元，占人均支出的9.6%，占居民人均收入的6.3%。目前我国体育消费规模约1.5万亿，预计2025年将增长至2.8万亿，复合增长率超过13%。

（二）体育产业与体育消费的关系

在市场经济条件下，体育消费需求变动是社会经济和文化长期发展的结果，其影响因素也非常复杂。体育产业作为我国国民经济第三产业，其发展的最终目的是满足居民日益增长的体育健身需求，满足居民不同层次的体育消费需求，这种满足不仅体现在数量上，而且也体现在质量上，居民体育消费需求从根本上决定着体育产业结构。

随着社会经济与科学技术的不断发展，大众对体育消费的方式出现转变，对体育消费的质量提出了更高要求。体育消费的增长与体育产业高质量的发展是息息相关的，即高质量的体育产业带动体育消费进一步增长，体育消费增长又促进体育产业更好地发展。

（三）体育市场与体育消费的关系

体育市场是联结体育产业与体育消费的纽带，是社会主义市场经济的组成部分，是伴随着体育产业化、社会化的发展而产生的，是我国体育产业改革的必然结果。

从体育经济运行的角度看，体育产品生产是离不开体育消费的，生产什么、生产多少都是由体育消费决定的。体育产品生产一旦脱离体育市场需求，体育经济运行就会由于丧失内在动力而处于停滞状态。所以，一方面，要以体育市场需求为导向，有目的地培育和开发体育市场；另一方面，必须积极引导居民的体育消费，开拓体育市场，以容纳过剩的体育消费品。同时，还要采取各种手段启动居民体育消费，既要科学地选择体育消费热点，又要推出有效的政策措施，保证不同层次居民体育消费需求的持续增长，促进体育市场繁荣。

体育产业的发展有赖于体育市场体系的完善，只有不断培育和扩大体育市场，才能运用市场机制合理配置和高效利用有限的体育资源（人力、物力和财力），掌握发展体育产业的主动权，提高体育产业为社会服务的整体效能。同样，体育消费是体育市场形成的前提，也是体育产业发展的基础，没有体育消费就没有体育市场，更谈不上发展体育产业。由此可见，发展体育产业、开发体育市场的关键是扩大体育消费，如果不抓住体育消费这个核心，体育市场就会有场无市，市场管理也难见成效。所以，在培育与开发体育市场时，首先要引导居民的体育消费，扩大体育需求，并通过居民体育需求的增长促进体育市场的发展，达到发挥居民体育消费对体育市场发展的促进作用。

三、体育市场调查

市场调查就是指运用科学的方法，有目的、有系统地搜集、记录、整理有关市场营销的信息和资料，分析市场情况，了解市场现状及其发展趋势，为市场预测和营销决策提供客观的、正确的资料。创业项目选择风险的根源通常是缺乏前期深入的市场调研和论证，缺乏对市场的了解，而仅凭自己的兴趣和主观臆断来确定投资方向。选择一个项目，确定新创项目的市场，要了解这个项目面对的客户群有哪些，市场类似的项目在指定区域是否存在、有多少，竞争压力如何，这些都要通过市场调查来得出结论。

（一）市场调查方案

1. 调查目的要求

在开始调查之前，调查人员必须明确调查的问题是什么、目的要求如何。应根据调查对象拟定出需要了解的内容，然后定出调查目标，以便调查能合理地进行。根据市场调查目标，在调查方案中列出本次市场调查的具体目的要求。

2. 调查对象

市场调查的对象一般为消费者、零售商、批发商，零售商和批发商为经销调查产品的商家，消费者一般为使用该产品的消费群体。在以消费者为调查对象时，要注意有时某一产品的购买者和使用者不一致，如对婴儿食品的调查，调查对象应为孩子的母亲。此外，还应注意一些产品的消费对象主要针对某一特定消费群体或侧重于某一消费群体，这时调查对象应注意选择产品的主要消费群体，如对于化妆品，调查对象主要选择女性；对于酒类产品，其调查对象主要为男性。确定了调查目标后，往往还会有很多繁杂的问题，这时就需要对这些问题进行缩减，可以通过能马上了解的一些资料（如竞争店的地理位置）进行删减，以缩小调查的范围。

3. 调查内容

调查内容是收集资料的依据，是为实现调查目标服务的，可根据市场调查的目的确定具体的调查内容。比如，调查消费者行为时，可按消费者购买、使用、使用后评价三个方面列出调查的具体内容项目。调查内容要全面、具体，条理清晰、简练，避免内容过多，过于烦琐，把与调查目的无关的内容列入其中。

4. 调查表

调查表是市场调查的基本工具，调查表的设计质量直接影响市场调查的质量。设计调查表要注意以下四点：

第一，调查表的设计要与调查主题密切相关，重点突出，避免可有可无的问题。

第二，调查表中的问题要容易让被调查者接受，避免出现被调查者不愿回答，或令被调查者难堪的问题。

第三，调查表中的问题次序要条理清楚，顺理成章，符合逻辑顺序，一般可采用如下方法：容易回答的问题放在前面，较难回答的问题放在中间，敏感性问题放在最后；封闭式问题在前，开放式问题在后。

第四，调查表的内容要简明，尽量使用简单、直接、无偏见的词汇，保证被调查者能在较短的时间内完成调查表。

5. 调查地区范围

调查地区范围应与企业产品销售范围一致。当在某一城市做市场调查时，调查范围应为整个城市；但由于调查样本数量有限，调查范围不可能遍及城市的每个地方，一般可根据城市的人口分布情况，主要考虑人口特征中的收入、文化程度等因素，在城市中划定若干个小范围调查区域，划分原则是使各区域内的综合情况与城市的总体情况分布一致，将总样本按比例分配到各个区域，在各个区域内实施访问调查。这样可相对缩小调查范围，减少实地访问工作量，提高调查工作效率，减少费用。

6. 样本的抽取

调查样本要在调查对象中抽取，由于调查对象分布范围较广，应制定一个抽样方案，以保证抽取的样本能反映总体情况。样本的抽取数量可根据市场调查准确程度的要求确定，市场调查结果准确度要求愈高，抽取样本的数量应愈多，但调查费用也愈高，一般可根据市场调查结果的用途情况确定适宜的样本数量。在实际的市场调查中，在一个中等以上规模城市进行市场调查的样本数量，按调查项目的要求不同，可选择200~1000个样本，样本的抽取可采用统计学中的抽样方法。具体抽样时，要注意对抽取样本的人口特征因素的控制，以保证抽取样本的人口特征分布与调查对象总体的人口特征分布一致。

7. 资料的收集和整理方法

在市场调查中，常用的资料收集方法有调查法、观察法和实验法，一般来说，前一种方法适宜于描述性研究，后两种方法适宜于探测性研究。企业做市场调查时，采用调查法较为普遍，调查法又可分为面谈法、电话调查法、邮寄法、留置法等。这几种调查方法各有优缺点，适用于不同的调查场合，企业可根据实际调研项目的要求来选择。资料的整理方法一般可采用统计学中的方法，利用Excel工作表格，可以很方便地对调查表进行统计处理，获得大量的统计数据。

当资料收集完成后，要对其进行编辑整理，检查调查资料是否有误差。误差可能是因为统计错误、询问冲突设计不当、访问人员漏编、被询问人回答有问题等。在整理资料时，要把错误的信息剔除掉，然后将剩余的资料分类统计，最后得出结论。通过分析资料，决定以上四步是简要的步骤，也是大体的步骤。如果在调查中有什么特殊情况，可以重复或增加一些步骤，只要命名调查程序完整有序即可。在调查时，还要选择正确的调查方法。市场实地调查方法有很多，主要包括询问法、观察法、实验法、访问调查技术。

（二）市场调查的主要内容

1. 经营环境调查

（1）政策、法律环境调查

调查与经营的业务、开展的服务项目有关的政策法律信息，了解国家有什么管理措施和手段，当地政府如何执行有关国家法律法规和政策，对业务有何有利和不利的影响。

（2）行业环境调查

调查经营的业务、开展的服务项目所属行业的发展状况、发展趋势、行业规则及行业管理措施。

（3）宏观经济状况调查

宏观经济是否景气，直接影响体育消费能力。

2. 市场需求调查

在体育产业多元化的趋势下，要取得企业经营的成功，经营者需要不断创新，在项目选择和经营方法上不断有新的创意。随着我国市场经济的不断发展和完善，人们的价值观也逐步趋于以市场价值为尺度，特别是对于直接进入市场领域的产品和服务，必须以客户和市场的认同为准则。在计划实施前必须进行市场需求的调查和预测。这种调查和预测通常可以通过以下途径进行：

第一，对当地的经济状况进行分析和评价。体育消费需求的发展与整个国家的经济形势紧密相关，直接受当地经济环境影响。地区经济处于不同的发展阶段时，当地的需求也会呈现出不同的特点，可以通过市场调查进行市场定位。

第二，个人收入水平是体育消费需求产生和增加的基本条件之一，因而可行性研究的市场需求研究还要了解和分析当地的个人平均收入水平。

第三，消费者调查。消费者情况调查包括两个方面的内容：一是消费者需求调查，如购买体育产品的消费者希望从中得到哪些方面的满足和需求，对市场现有产品的体验和其他需求等。二是消费者的分类调查。了解消费者的数量、特点及分布，明确目标顾客，掌握目标客户大致年龄范围、性别消费特点、用钱标准，对某种产品和服务项目的需求程度、购买动机、购买心理、使用习惯等。

第四，市场需求趋势调查。了解市场对某种体育产品或服务项目的长期需求态势，通过问卷及当面问询等方法直接调查当地人对本企业项目的潜在消费动机；了解该产品和服务项目是逐渐被人们认同和接受、需求前景广阔，还是逐渐被人们淘汰、需求萎缩；了解该产品和服务项目从技术和经营两方面的发展趋势如何等。

第五，用数学和社会学的方法对未来目标市场的需求进行定性、定量分析和预测（预测期根据企业期望的经营期限而定，如租用场地的年限、合作者之间商定的合作期限、设备的寿命期限等）。

3. 顾客情况调查

顾客包括现有顾客和潜在顾客。顾客情况调查包括以下两个方面的内容：

（1）顾客需求调查

例如，购买某种产品（或服务项目）的顾客大都是些什么人（或社会团体、企业），他们希望从中得到哪些方面的满足和需求（如效用、心理满足、技术、价格、交货期、安全感等），现时的产品（或服务项目）为什么能够较好地满足顾客某些方面的需要等。

（2）顾客分类调查

重点了解顾客的数量、特点及分布，明确目标顾客，掌握他们的详细资料，如果顾客是某类企业和单位，应了解这些单位的基本状况，如进货渠道、采购管理模式、联系电话、办公地址，某项业务负责人具体情况和授权范围，对某种产品和服务项目的需求程度、购买习惯和特征。如果顾客是消费者个人，应了解消费群体种类，即目标顾客的大致年龄范围、性别、消费特点、用钱标准、对某种产品和服务项目的需求程度、购买动机、购买心理、使用习惯等。掌握这些信息，为有针对性地开展业务做准备。

4. 竞争对手调查

在开放的市场经济条件下，在开业前，市场上也许就有相同或类似的业务，这些就是现实的竞争对手。即使开展的业务是全新的，有独到之处，开始经营的时候没有对手，可一旦生意兴旺，就会有许多人学习这种业务模式，竞相加入，这些就是潜在对手。了解竞争对手的情况，包括竞争对手的数量与规模、分布与构成、竞争对手的优缺点及营销策略，做到心中有数，才能在激烈的市场竞争中占据有利位置，有的放矢地采取一些竞争策略。对竞争者的调查包括：

第一，主要竞争对手或潜在竞争对手的名字。

第二，作业场所的数量和位置。

第三，每个单位的人员数量和特征。

第四，竞争对手组织和业务单位结构的详细情况。

第五，产品和服务范围情况，包括相对质量和价格。

第六，按顾客和地区细分的市场详情。

第七，沟通策略、开支水平、时间安排、媒体选择、广告宣传、价格策略、促销手段等详情。

第八，营销策略和销售方式、销售和服务组织的详情。

第九，市场（包括重要客户需求的确认与服务）的详情，顾客忠诚度估计和市场形象。

第十，顾客忠诚度的估计和相对市场形象。

第十一，重要顾客和供应商的详情。

第十二，职员数量、生产力、工资水平、奖惩政策。

第十三，在竞争对手组织内部关键人员的详情。

第十四，控制、信息和计划系统的详情。

利用这个数据库，可以分析和评价竞争对手未来的战略行动，对比我方与竞争对手之间的异同，寻找自己已经具备和可能具备的优势，分析和预测分流竞争对手客源的可能性及数量，或开辟新的客源市场的可能性。若通过这一步研究发现我方与其他竞争对手相比并不具有优势，则说明这个项目对于企业来说可行性不大，应慎重考虑是否合适，避免投资行为的盲目性和危险性，这是进行可行性研究的重要目的之一。

四、开辟新的客源渠道

根据获得的信息进行市场潜力和市场风险分析，有助于确定企业经营目标，挖掘市场潜力，增加产品销售量，提高企业效益，规避投资风险。

（一）市场潜力分析

市场潜力是指在某种市场环境下，对市场需求所能达到的最大数值的测算。所谓的市场潜力分析，主要指以下方面：

第一，市场规模及增长率。一般来讲，规模大、增长速度快的市场潜力巨大。

第二，市场结构。主要是集中度、进入门槛、差异化。集中度低、进入门槛低、同质化高的市场，竞争异常激烈，是没有多大潜力的；相反，产品差异化，进入门槛高（但自身具备这个条件），集中度未来会走高，强者恒强，这些均是市场有潜力的表征。

第三，行业周期。处于行业成长期的市场，市场规模增速较快，市场潜力巨大。

第四，行业竞争环境。对上下游均有很强的议价能力，暂无替代品，相较竞争对手来讲有一定的优势，行业门槛高导致潜在进入者较少等，这些都可以认为是市场潜力良好的表现。

第五，从宏观环境角度来看，如政策利好、消费偏好等。

市场是在不断变化的，当下有潜力的市场，未来不一定有潜力，就是因为以上提到的分析因素发生了变化。所以，所谓的市场潜力分析，是针对当下特定时段来讲的，不可以一劳永逸。

（二）市场风险分析

企业的市场风险是指由于市场及相关的外部环境的不确定性而导致企业市场萎缩、达不到预期的市场效果乃至影响企业生存与发展的一种可能性。对企业来说，市场风险可能导致企业投资活动失败，引发投资风险等一系列问题。企业市场风险的主要因素包括：

1. 消费者的需求变动

消费者的购买决策是一种选择行为，而消费者的选择行为又直接受到其消费偏好及其他多种因素的影响，如商品的价格以及不同商品的比价、商品的质量及不同商品之间的比较质量、广告宣传、流行趋势等。

2. 竞争对手的行为

随着市场经济的发展与完善，市场竞争的程度日益加剧。企业不仅面临原有竞争对手的竞争压力，而且面临潜在竞争对手的威胁。目前市场竞争表现出一种趋势，由单纯的价格竞争转向价格竞争和非价格竞争并存。

3. 政策、法规的变动

国家政策、法规的变动也是造成企业风险的主要因素。比如，政府通过产业政策来鼓励某些产业的发展，而随着产业结构的变化以及政府的产业战略重点的转移，原来属于鼓励发展的行业可能会取消优惠而使这些行业遭遇风险。

4. 不确定与不对称的信息

信息在企业管理中是一种重要的资源，它与其他资源一样能够产生价值。信息的积累与传递可以通过作用于经营过程而使其他要素得到充分合理的利用，以实现和扩大其他生产要素的价值。

五、市场机会

创业需要机会，创业者应识别以下创业机会：

（一）现有市场机会和潜在市场机会

现有市场机会是市场机会中那些明显未被满足的市场需求，容易认识，往往发现者多，竞争势必激烈。潜在市场机会是那些隐藏在现有需求背后的、未被满足的市场需求，不易被发现，识别难度大，往往蕴藏着极大的商机。

（二）行业市场机会与边缘市场机会

行业市场机会是指在某一个行业内的市场机会，发现和识别的难度系数较小，但竞争激烈，成功的概率低。边缘市场机会是在不同行业之间的交叉结合部分出现的市场机会，处于行业与行业之间的真空地带，难以发现，需要有丰富的想象力和大胆的开拓精神，一旦开发，成功的概率也较高。

（三）目前市场机会与未来市场机会

目前市场机会是那些在目前环境变化中出现的机会，未来市场机会是通过市场研究和预测分析它将在未来某一时期内实现的市场机会。若创业者提前预测到某种机会出现，就可以在这种市场机会到来前做好准备，从而获得领先优势。

（四）全面市场机会与局部市场机会

全面市场机会是指在大范围市场出现的未满足的需求，在大市场中寻找和发掘局部或细分市场机会，见缝插针，拾遗补缺，创业者就可以集中优势资源投入目标市场，有利于增强主动性，减少盲目性，增加成功的可能。局部市场机会则是在一个局部范围或细分市场出现的未满足的需求。

创业者不仅要善于发现机会，更需要正确把握并果敢行动，将机会变成现实的结果，这样才有可能在最恰当的时候出击，获得成功。把握创业机会，应注意以下几点：

1. 问题就是机会

机会并不意味着无须付出代价就能获得，许多成功的企业都是从解决问题起步的。问题就是现实与理想的差距。顾客需求在没有满足之前就是问题，而设法满足这一需求，就抓住了市场机会。

2. 变化就是机会

变化中常常蕴藏着无限商机，许多创业机会产生于不断变化的市场环境。环境变化将带来产业结构的调整、消费结构的升级、思想观念的转变、政府政策的变化、居民收入水平的提高。人们通过这些变化，就会发现新的机会。

3. 技术创新就是机会

产业的变更、产品的替代或服务方式的创新，都会带来前所未有的创业机会。

4. 需求差异就是机会

创业机会存在于为顾客创造价值的产品或服务中，而顾客的需求是有差异的。创业者要善于找出顾客的特殊需要，盯住顾客的个性需要并认真研究其需求特征，这样就可能发现和把握商机。

5. 政策变化就是机会

中国市场受政策影响很大，新政策出台往往引发新商机，如果创业者善于研究和利用政策，就能抓住商机站在潮头。

6. 竞争对手中的机会

创业机会是源于竞争对手的失误而意外获得的，如果能及时抓住竞争对手策略中的漏洞而加以发挥，或者能比竞争对手更快、更可靠、更便宜地提供产品或服务，就能找到机会。

第三节　体育企业建设的可行性研究

可行性研究是运用多种科学手段（包括技术科学、社会学、经济学及系统工程学等）对项目进行系统技术经济论证、经济合理性综合分析。其目的是通过对技术先进程度、经济合理性和条件可能性的分析论证，选择以最小的人力、物力、财力耗费，取得最佳技术、经济、社会效益的切实方案。它是解决项目投资前期分析的主要手段。可行性研究报告是在从事一种经济活动（投资）之前，从经济、技术、生产、供销、社会各种环境、法律等因素进行具体调查、研究、分析，确定有利和不利的因素及项目是否可行，估计成功率大小、经济效益和社会效果程度，为决策者和主管机关审批地上报文件。

体育企业建设可行性研究是指对体育企业的各种筹建和经营方案做市场、资金和技术等方面的全面分析，预测企业未来的经济效益、社会效益和环境效益，从而做出有科学依据的取舍，选择出最佳建设方案，是一项以假定各种方案已经实施为前提的前期研究工作。

一、体育企业建设可行性研究的意义

体育企业的经营是否成功受许多因素影响，如果在营业之前不对这些因素进行全面分析，投资行为就会有很大风险，甚至可能失败。风险的根源，通常是缺乏前期深入的市场调研和论证，或者不考虑个人实际资源的支撑情况，而仅凭自己的兴趣和主观臆断来确定投资方向。在创业之初对项目进行科学的可行性分析是避免失败的重要环节。从总体上看，可行性研究的意义在于以下三点：

（一）全面了解自己

在现代经济生活中，较大的投资行为往往不是一个人或一个单位的独立行动，而是由很多投资方构成的，这就使了解自己变得更为困难。若不能全面准确地了解投资方，就意味着能力与行为不符合，投资过程中会出现过多的意外情况。这种盲目的投资行为，潜藏着太多的危险因素。若在付诸行动之前，由专业人员根

据特定的内容和程序进行周密的可行性研究，建立客观、可操作、前瞻的评价指标体系，包括企业未来的市场评估、产品与技术评估、项目规模评估、项目管理评估、财务评估、风险评估等指标，投资者就可以在总体设想方面明确投资目标、经营计划和经营思想以及技术力量等情况，从分析中了解我方的确切实力，明确我方在实力上是否能够满足投资计划的需要。

（二）全面了解当前市场及竞争对手的状况

投资行为是否能够成功，不仅在于投资前是否有精心的设计和周密的计划，而且在很大程度上取决于市场状况是否有利、同行竞争对手是否强大。一般而言，较好的创业项目应是能够在前五年的市场需求中稳步快速增长的项目，创业者能够获得创业机会所需的关键资源，遇到竞争对手时，有能力与之抗衡。拥有灵活的创业技术路径，创业者在创业路上可以根据环境进行调整。对投资者来说、了解市场，全面了解竞争对手是避免投资失败的重要保障。通过可行性研究中的市场分析部分，投资者可以确切地了解相关市场目前的状况，同时，了解市场潜在的发展趋势，其中包括对行业现状和发展趋势的了解，以及对未来竞争对手状况和发展趋势的了解。这就是所谓的"知己知彼，百战不殆"。

（三）降低投资风险

古人言："凡事预则立，不预则废。"没有周密策划的投资行为，对企业未来的运营来说会增加不可预见的风险，并且十分被动。可行性研究是以各种投资方案已经实施的假设为前提的一种研究，主要内容是研究假若投资方案付诸实施，对项目的市场风险、技术风险、财务风险、组织风险、法律风险、经济及社会风险等因素进行评价，并制定规避风险的对策，为项目全过程的风险管理提供依据。

二、可行性分析法的阶段

（一）机会鉴定阶段

通过对社会需求、项目发展趋势和资源状况的分析，寻求合适的投资机会，内容包括市场调查预测，投资的目标、范围，项目投资费用范围。

（二）可行性分析阶段

在投资机会研究的基础上，寻找可行项目和投资方向，从经济上进一步考察市场。

（三）可行性论证阶段

在全面分析、计算、比较、论证的基础上，对项目进行可行性定性分析，选择最优方案，并对项目投资做可行性定性结论。

三、体育企业建设可行性研究的内容

（一）项目总览

在投资者对娱乐设施投资建设产生意向之初，投资者对自己的目标往往只有一个初步的设想，如开办体育培训班、健身俱乐部、滑雪场等，这是投资的最初意向。在开始进行可行性研究的时候，首先要全面详细地明确和描述投资者的设想，这是可行性研究最基础的依据。这种描述包括营业场所的分布、布局与营业场所的总体风格和主题。

在市场竞争激烈的今天，娱乐企业需要出奇制胜。出奇就是具有与众不同的特色，这个特色不仅包括经营项目、服务方式、设备技术性能等方面，还必须直接地体现在企业营业场所的总体风格和主题上。鲜明的风格和主题不仅可以使企业明显地区别于竞争对手，而且可以使企业内各种项目之间产生有机联系，给人一种是一个整体的感觉。这样可以使企业独树一帜，占据竞争的有利地位。

1. 企业的档次定位

档次定位是指以消费能力为依据进行市场细分，明确以市场中哪一部分消费者群体为目标市场，并根据目标市场中消费者的喜好和需求确定体育产品及经营方式。

2. 总的经营目标

总的经营目标即期望的营业额和目标利润。

（二）市场分析

对企业来说，一项投资方案是否可行主要是指在经济上是否可行，即投资后是否能够得到预期的回报，决定这一结果的重要因素之一就是市场状况。因此，可行性研究需要大量有关市场的信息，这是整个可行性研究的重要依据资料，这些信息只有通过调查才能获得。一般来说，体育企业投资可行性研究的市场研究部分包括对下列信息的收集、预测和分析：第一，经营环境调查；第二，市场需求的调查与预测；第三，竞争对手情况的调查与分析。

（三）建设方案

企业可行性研究中的建设方案部分主要描述设施建筑的设计构想、工程内容及建设进度计划等。具体包括：第一，描绘总体建筑的设计构想。这里所要描绘的是投资者对未来企业面貌的总体构思和设想，这将成为专业建筑设计人员以后进行建筑设计时的主要依据。第二，详细罗列整个工程的建设内容。第三，完成以上全部内容建设所需的时间、竣工日期及进度计划。第四，根据上述对设施主题风格的描述，大致确定主要家具、器皿、用品的质地、格调，因为这与计划是否可行及投资额度有关。

（四）引进技术设备的说明

当项目需要引进国外的技术设备时，可行性研究还必须详细研究并说明所需引进的技术设备的具体情况。技术设备引进的可行性研究主要包括：

第一，需引进的国外先进技术设备与我国同类技术设备之间比较的情况，包括：我国国内是否已有这方面成熟的技术设备；国外技术设备比国内同类技术设备先进的具体表现；这项技术设备在国际上是否具有有效专利。

第二，拟进口的外国设备的名称、型号、功能、规格、数量、价格、来源国别和厂商及厂商概况。

第三，设备引进后相关技术人员的来源渠道及培训计划，国外的技术服务内容安排及保障。

（五）企业的管理方法计划

对综合性健身娱乐企业来说，比较常见的管理方法主要有如下四点：

1. 聘用经理

聘用专业人才进行统一管理和经营的方法，对那些资金实力比较雄厚或所经营的项目风险不是很大的体育企业来说，可以塑造和保持统一的企业形象和创造风格独特的品牌项目，从而使企业获得长久发展。

2. 聘请管理公司

对于缺乏专业管理人才的企业，可采取委托管理的方式与专业的管理公司合作，用支付管理费或利润分成等形式得到专业化的管理，合作期间企业可以从容地培养自己的管理人才，在委托管理合同到期之后独立进行管理。

3. 分包经营

在企业建设成型后，将各项目分别承包给他人经营，企业按期获得固定的利润额。这种方式使企业可以轻松地得到稳定的收入，且不影响企业以统一的形象出现在市场上，有助于企业按计划回收投资并获得预期的回报。

4. 吸纳项目合作人

对于大型的体育服务项目，在设施的土建、安装完毕后进行招商，接受合作人带资入场，选择某一部分作为具体项目的场地进行装修，并在投资后负责经营。企业除了可定期从每个合作者处获得固定利润分成外，合作者还有充分的自主权。这种方式对社会散资及少量投资者很有吸引力。

（六）融资计划

创业融资是指创业企业根据自身发展的要求，结合生产经营、资金需求等现状，通过科学的分析和决策，借助企业内部或外部的资金来源渠道和方式，筹集经营和发展所需资金的行为和过程。

1. 融资的决策原则

第一，做好融资成本与效益的分析。

第二，把握合理的融资结构及控制权。

第三，融资方式的选择应与创业企业的成长阶段相匹配。

第四，确定适度的融资规模及融资期限。

2. 创业融资的资金来源

创业融资的主要资金来源一般包括自筹资金、创业投资、天使投资、金融机构贷款、信用担保以及其他来源。以下列举几个渠道：

（1）银行贷款

从目前的情况看，银行贷款有以下四种：

第一，抵押贷款，指借款人向银行提供一定的财产作为信贷抵押的贷款方式。

第二，信用贷款，指银行仅凭对借款人资信的信任而发放的贷款，借款人无须向银行提供抵押物。

第三，担保贷款，指以担保人的信用为担保而发放的贷款。

第四，贴现贷款，指借款人在急需资金时，以未到期的票据向银行申请贴现而融通资金的贷款方式。

（2）风险投资

风险投资是一种高风险、高回报的投资，风险投资家以参股的形式进入创业企业，为降低风险，在实现增值目的后会退出投资，而不会永远与创业企业捆绑在一起。风险投资比较青睐高科技创业企业。风险投资家虽然关心创业者手中的技术，但他们更关注创业企业的盈利模式和创业者本人。

（3）民间资本

随着我国政府对民间投资的鼓励与引导，以及国民经济市场化程度的提高，民间资本正获得越来越大的发展空间。民间资本的投资操作程序较为简单，融资速度快，门槛也较低。

（4）创业融资宝

创业融资宝是指将创业者自有合法财产或在有关法规许可下将他人合法财产进行质（抵）押的形式，从而为其提供创业急需的开业资金、运转资金和经营资金。该融资项目主要针对再就业困难的群体，以及希望自主创业的社会青年群体。办理创业融资宝的手续较为简便。

（5）融资租赁

融资租赁是一种以融资为直接目的的信用方式，比较适合需要购买大件设备的初创企业，表面上看是借物，实质上是借资，以租金的方式分期偿还。该融资方式具有以下优势：不占用创业企业的银行信用额度；创业者支付第一笔租金后即可使用设备，而不必在购买设备上大量投资，这样资金就可调往最需要的地方。

（七）投入产出分析

投入产出法作为一种科学的方法，是研究公司或企业经济单位中各个部分之间投入与产出的相互依存关系的数量分析方法，它反映的是其内部各工序之间的内在联系。投入产出分析是通过计算分析投资方案是否可行，是企业可行性研究中最根本的部分。这部分主要内容首先是要尽量精确地估算企业的筹建费用，然后预测未来可能的销售收入，通过估算投资的收回时间、投资回报率及每年的利润等，对投资回报情况进行分析，从而合理取舍投资方案，是可行性研究中最根本的部分。

进行投入产出分析，首先要对基础财务进行以下方面的分析：

1. 筹建费用估算

第一，租赁费。租赁费指租赁体育场地的费用。此项费用的估价可以从业主洽谈过程中获得，或从邻近商户中了解。

第二，装修费用。装修费用包括装修材料费用和装修人工费用。费用数额可从装饰材料市场和装修公司获得，也可参考其他企业同档次装修的费用水平。

第三，项目设备投资。项目设备价格可以在每年一届的体育用品博览会上收集到，也可以直接向厂家、商家咨询。

第四，各项目营业时需要的家具、工具、用品和低值易耗品的大致购置费用。

第五，工作人员的工作服购置费用。

第六，工作人员的培训费用。

第七，企业筹建期间需要的筹建人工费用。

第八，包括开业典礼在内的营业启动费用——流动资金。

第九，银行利息。

若投资来源于银行贷款，则贷款利息在企业筹建期就已发生，即使投资款是企业的自有资金，银行利息也构成了企业的机会成本，因此预估投资资金总额时应考虑银行利息。

2. 敏感因素分析

经济环境中存在许多随着时间而发生变化的敏感因素。在可行性研究中预估的许多数据与企业真正建成后的数据相比会有很大差异，使得预测变得不够准确，因此在进行各种预算时应找出敏感因素，进行分析和采取措施，以提高技术方案的抗风险能力。敏感性因素一般可选择主要参数（如销售收入、经营成本、生产能力、初始投资、寿命期、建设期、达产期等）进行分析，若某参数的小幅度变化能导致经济效益指标变化较大，则称此参数为敏感性因素，反之则称其为非敏感性因素。

（1）汇率的变化

对合资企业来说，汇率的变化可以影响投资总额的大小，也会影响投资者最后获得的实际投资回报数额的大小。

（2）银行利率

运用融资的资金需要付出利息等代价，是对投资利益的一种削减，这些利息就构成资金成本，而利息的多少又取决于利率的大小。

（3）通货膨胀率

上述一切费用的估算都是以货币的最近值或现在值为基础的，但只要经济生活中还存在通货膨胀的现象，通货膨胀率就会极大地影响费用的实际支出，使现在的预算失去可靠性。

（4）本企业所开设的项目或产品销售价格的变化趋势

在可行性分析中，投资和利润的预算差异会对方案的经济效益大小产生影响。因此，需要对投资的敏感性以及利润的敏感性进行分析。

3. 销售收入的估算

企业投资的回报、投资效益计算都依赖于销售收入的数据。销售收入的预估是各种营业成本的预估和投资回报预测的基础，而这又是预估工作中难度最大的一部分，因为精确预估所需的信息往往十分匮乏或缺乏确定性。对体育服务业企业来说，情况尤其如此，这是因为健身消费需求是人们生活中的非基本生活需求，具有十分不稳定的特点，而不同的时间企业的销售收入会很不一样，通常一年之中，节假日期间的销售收入要大大高于平时，一周之中，周末比工作日销售收入要高出许多，而一天之中，夜晚的销售收入要高于白天。同时，不同的健身项目还有着各自不同的淡季、旺季。

如某投资者欲建造一家羽毛球馆，在可行性研究时调查了当时该地区已经建成开业的两家类似规模和档次的羽毛球馆的销售状况，发现了它们共同的现象：早场6：00~12：00，场地使用率60%；下午场12：00~18：00，场地使用率40%；每日销售高峰时间是18：00~21：00，4小时内几乎天天满负荷运转；收费方式为：包场、单人收费。场地价格：早场30元/块，单人入场10元/人；下午场40元/块，单人入场15元/人；晚场50元/块，单人入场15元/人（单人收费为4人/块）。球馆建成后年销售额预计约为：

（1）以包场方式计算年销售额（以每年360天计算）

日销售额=20×60%×30元/块×6+20×40%×40元/块×6+20×100%×50元/块×3=7080元/天

年销售额=7080元×360天=254.88万元/年

（2）以单人收费方式计算

日销售额=10元/人×4×20×60%+15元/人×4×20×40%+15元/人×4×20×100%=6480元/天

年销售额=6480元×360天=233.28万元/年

考虑到球馆建成开业时，项目的竞争将会更加激烈，因此场地利用率相对降低。根据市场发展趋势估计，未来球馆每日场地利用率可能降低10%。如此，球馆建成后年销售额为233万元～255万元。

从以上例子中可以看到，对有场地计量单位限制的体育场馆销售收入的预测主要与下列因素有关：

第一，场地的最大容量。

第二，未来可能的场地利用率。

第三，每单位利用的价格。

按照上述方法将所有项目的销售收入预测数相加，就得到了整个企业的预计年销售收入。

体育健身服务企业销售收入的预测是以当地同类企业的日平均销售额为基础，以未来的市场变化、价格变化、本企业设施设备水平、地理位置情况等为修正因素，得出本企业未来较可能产生的日销售额，进而推算出年销售收入总额。

4. 营业成本和营业费用预估

企业每年利润的计算，必须首先预估营业活动的成本和费用。这方面的预估可以用两种方法进行：第一种方法是罗列法（表2-3-1），即根据对现有同类企业的调查，项目在经营时发生的所有成本项目和费用项目，并将它们逐一列出，参考其他企业的成本、费用发生额，并根据本企业的实际情况对发生额加以修正和预估，将所有项目的成本和费用相加，就可得到企业的营业成本和费用总额。第二种方法是比例估算法，即根据对多个同类企业营业情况的调查，以成本占销售总额的平均比例来推算成本费用数额。比例估算数据只是直接成本的数额，企业的成本总额的计算应在此基础上用详细罗列法再加上设施设备的折旧费用和各种间接成本费用。

表 2-3-1　年营业成本与费用表

固定成本	1. 租金 2. 职工福利 3. 基本水电费 4. 采暖费 5. 办公费 6. 固定资产折旧费
变动成本	1. 销售量支付的推销员佣金 2. 职工加班费 3. 水电费 4. 设备使用故障维修费 5. 耗品成本 6. 燃料费
管理费用	1. 行政人员工资福利 2. 行政工作费用 3. 广告费 4. 公共事业费 5. 财务费用（银行手续费、利息和汇兑损失等）

注：固定成本，又称固定费用，相对于变动成本，是指成本总额在一定时期和一定业务量范围内，不受业务量增减变动影响而能保持不变的成本。变动成本指随商品产销量的增减变化而相应变动的成本。变动成本总额随着业务量的变动而发生正比例变动。

5. 投资效益分析

投资效益分析实质上就是分析此项投资计划是否能够带来预期收益的问题，不仅包括判断投资行为是否有利可图，还包括此利是否与期望值相符，或是否大于其他投资方式。这是判断投资方案是否可行的关键。对体育服务企业来说，研究投资方案的投资效益主要有以下两种方法：

（1）回收期法

回收期法即计算该项投资能在几年内回收成本，是否达到投资者的预期目标，从而判断投资是否可行的一种计算方法。

基本计算公式为：

偿还期（年）= 初期投资总额 / 年净收益

年净收益 = 预计年净利润 + 年折旧费

其中"初期投资总额"包括建筑、装修及设备购置的大宗投入，还包括在筹建过程中发生的运用资本、设备运费及安装费、筹建人工等所有费用，更重要的是包含所筹资金的资金成本。

"预计年净利润"是企业每年的税后净得利润的预测。营业数额中去除了所有的成本、费用之后，还应去除折旧额和应上缴的税额才是净利。

"折旧费"是国家对不同资产的折旧年限有明确的管理规定，不同的企业、不同类型的资产可采用多种不同的折旧提取方法。

例如：某体育企业欲投资 5 000 平方米的综合性健身俱乐部，根据市场信息预计设备投资数额 1 200 万元。这笔投入中的一部分靠银行贷款解决，按通行的中期贷款偿还办法，这笔贷款的利息总额将为 45 万元。体育设备的运输安装费为 20 万元，设备折旧用直线法分 5 年提完。这项投资每年可为企业带来收入 1 450 万元，每年的成本费用（含营业税）为 920 万元，所得税税率为 27%。该企业的董事会规定，投资若能够在 5 年内收回即可以接受。试分析此项投资的可行性。

投资总额：1200+20=1400（万元）

资金成本：45 万元

年折旧提取额：1200/5=240（万元）

净利润：(1450–920–240)×(1–27%)≈212（万元）

净收益：212+240=452（万元）

回收期：(1200+45)/452≈3（年）

根据回收期法预测，对该健身俱乐部的投资只需 3 年即可收回，超出了董事会对投资项目要在 5 年内收回投资的规定，因此这项投资是可行的。

（2）投资利润率法

投资利润率反映每百元投资每年可创造的利润数额，若所算结果高于现行金融市场的资金利率，就说明此资金用于投资比存入银行更为有利，投资方案是可行的；反之说明该投资的回报收益不如将资金放在银行中获利更多，投资方案应被否定。

计算公式为：投资利润率 = 年利润 / 总投资支出

其中"年利润"指营业额减去所有的营业成本和费用。"总投资支出"不仅包含设施设备的购置费用，也应包含投资成本及各项筹建费用。如上例：

投资利润率=（1450-920-240）/（1200+20）=23.8%

这个结果说明这个项目每百元的投资每年可以创造 23.8% 的利润，高于当时资金市场上的利率，投资方案应该可行。

这两种研究方法既直观又简便，是目前运用较多的方法，但等量货币在不同的时期价值不同。这就是货币的时间价值，这个价值是不容忽视的。

（八）社会效益分析

调查、分析、预测本企业的项目是否能促进当地社会文明发展进程，是否有利于客人的身心健康和智力发展，是否对当地良好社会风气的形成及精神文明建设起到积极的作用，与政府的政策方针是否吻合。

（九）环境效益分析

调查和分析本企业的项目是否会对环境造成影响，预计在环境保护方面会出现哪些问题，应如何预防和采取哪些措施解决。

四、可行性研究的方法

（一）亲自组织研究

投资者亲自组织研究有许多好处，可行性研究过程中每次调查、分析的结果对未来的经营者来说都是十分有用的信息，这些信息有时并不出现在可行性研究报告之中，若研究者就是投资者自己，甚至是未来的经营者，则定会获益匪浅。此外，投资者对自己所要投资的项目情况比较熟悉，研究目的明确，可抓住要害问题进行深入的研究。

（二）委托专业人员研究

现代大型体育健身服务企业大多是多方投资，将所有的股东集合在一起进行可行性研究往往十分困难，投资者毕竟不是专业的研究人员，在研究过程中会遇到许多技术上的困难，很可能影响最终研究成果的科学性。委托专业的研究力量代为进行有偿研究，研究报告出来后再由投资方参与评审和筛选，这种方法研究思路宽广，资料全面，逻辑严密，计算科学准确，而且行文规范。

第四节 体育企业的筹建

企业从投资意向的确定到企业建成营业的整个筹建过程中,有许多必不可少的工作环节,这些工作完成的质量在很大程度上决定了所筹建企业未来的经营活动能否顺利进行,能否成功地达到投资者预期的目标。因此,这些工作是企业经营管理活动中十分重要的内容。

体育企业的筹建工作主要有以下步骤:团队组建、项目分析、硬件建设(装修、设备购置)、软件建设(指人员,特别是主要管理人员的组建),管理团队是企业软件建设的主要部分,是企业成功的关键,其中总经理、财务经理的人选及管理团队的组建应尽可能体现专业、敬业、团结。

一、创业团队组建

创业是一个人或者团队将人的行为或社会活动转变为具有价值的经济活动,并能从中持续获利的初始过程。创业并非一个人,而是需要一个团队来促成,成功的创业者必须有高品质的、受到很好激励的团队,帮助创业企业成长和发展。创业团队一定要选择对项目有高度热情的人加入,创业团队需要招的是"合伙人",因为合伙人做的是事业,一个人只有把工作当作事业,才有成功的可能。好的创业团队,成员间的能力通常都能形成良好的互补,而这种能力互补也有助于强化团队成员间彼此的合作关系。

(一)团队组建的原则

1. 合伙人原则

一般企业都是招员工,而员工都是在做"工作"。但创业团队需要招的是"合伙人",因为合伙人做的是事业,一个企业只有把员工当作"合伙人",才有机会迅速成长。所以,创业团队要先解决价值分配障碍,然后去找自己的"合伙人"。

2. 激情原则

激情是衡量一个人能否成功的基础标准。创业团队一定要选择对项目有高度热情的人加入,任何人,不管其有无专业水平,如果对事业信心不足,就无法适应创业的需求，而这种消极因素对创业团队所有成员产生的负面影响可能是致命的。

3. 团队原则

初期创业团队的人数一般不宜过多，便于股权的分配、内部统一集中管理、达成意见一致以及高效率地执行。当然，具体规模应该根据战略目标与重点确定。团队是企业凝聚力的基础，成员的价值表现为其对于团队整体价值的贡献。团队中的成员应将团队利益置于个人利益之上，不计较短期薪资、福利、津贴等，将利益分享放在成功后，能够同甘共苦，经营成果能够公开且合理地分享，团队就会形成坚强的凝聚力与一体感，这样的团队才是优秀的创业团队。

4. 互补原则

建立优势互补的团队是创业成功的关键，在挑选团队成员时，要努力保证所找的对象有助于形成互补性的技能组合。"主内"与"主外"的不同人才，耐心的"总管"和具有战略眼光的"领袖"，技术与市场两方面的人才，都不可偏废。通常的技能组合包括解决问题的能力、决策能力、人际关系能力、专业技能、团队技能等。创业者寻找团队成员，首先要弥补当前资源能力上的不足，要针对创业目标与当前能力的差距，寻找需要的成员，也要寻找那些具备技能开发潜质的人员。

(二) 管理团队工作职责

当筹建体育企业时，应对其规模、管理模式与管理理念、经营项目与经营理念、服务模式与服务理念进行设计与确定，在此基础上进行人员的配备。

1. 投资者职责

第一，咨询有关专业人士。

第二，聘请专业人员或组织制订有关方面的计划。

第三，建立管理机构与聘请相关人员。

第四，中层人员的聘用。

第五，技术人员与普通员工的聘用。

2. 总经理职责

总经理由董事会聘任，主要职责为：

第一，每年提交一份年度预算和一份年度营业计划，交董事会批准。

第二，建立经营管理机构，选拔、培训、任命各部门经理。

第三，根据企业建立的管理体系，组织领导企业的日常经营管理活动。

3. 财务经理职责

财务经理由董事会确认，主要职责为：

第一，进行投资分析，建立财务制度，报董事会批准。

第二，协助总经理确定产品价格体系及年度销售计划。

第三，审核各部门的资金使用情况，监督企业经营。

第四，负责企业的财务及相关税务的申报。

4. 经理职责

第一，维持项目的正常运营。

第二，制定项目经营、销售方针。

第三，审定项目销售计划和营销活动计划。

第四，各部门的人事任免和工作分工。

第五，检查各部门工作，及时发现问题，并尽快确定解决措施。

第六，组织员工培训（指定培训人员）。

第七，听取和解决客户反馈意见和投诉。

（三）员工招聘

1. 招聘步骤

第一，发布招聘信息。

第二，分发表格对应选人员做常规性了解。

第三，对应聘人员进行初步筛选。

第四，对经过筛选后的人员进行相关的考核与面试。

第五，商谈劳资双方的权利与义务。

第六，签订相关合同。

2. 招聘要求

（1）一般情况

姓名、性别、学历、籍贯、健康状况、工作经历与经验。

（2）专业技能

专业技能可以分为专业知识与专业技能两方面进行，同时可以对应聘人员采用下列形式进行考评：

笔试：将所要了解的各个方面知识与能力设计成试卷，进行考试。

面试：对应聘人员进行面对面的交流沟通，了解需要的信息。这种形式多用于企业的中高级人才的招聘。

试用：要求应聘人员参与实际工作，对其工作能力进行考核，注意在试用过程中要遵守相关法律。

3.人事管理

（1）员工培训

当需要的人员参加工作前，应该对其进行培训。培训应该包括五个方面：一是职业道德，二是专业知识，三是实际工作操作技巧，四是团队精神与合作精神，五是企业宗旨。

（2）鼓励机制、评估体系

①鼓励机制

鼓励是一种激发企业内部员工主动精神与扩大企业效率及能量的有效手段。鼓励机制主要是靠企业的管理条文与制度来体现，包括职位与待遇变化、精神奖励、物质奖励、评估体系。

②评估体系

企业要想进行科学化、现代化、系统化的管理，就必须建立有效的、科学的评估体系，对企业的各个部门及每位员工的工作量、工作效率、工作质量与人际关系进行量化的评估。例如，建立考勤制度及表格、建立工作任务书与完成情况评估表等，特别是客户的评价是非常必要的。

二、企业经营场地选址

选址是指在建筑完成之前对地址进行论证和决策的过程。一是指设置的区域以及区域的环境和应达到的基本要求；二是指设在具体的哪个地点、哪个方位。随着社会的发展与进步，选址已经被运用到更多的行业企业中，很多企业都会根据自己公司的战略规划进行适当的选址。选址的意义非常重大，首先，选址是一项长期性投资，相对于其他因素来说，它具有长期性和固定性，当外部环境发生变化时，其他经营因素都可以随之进行相应的调整，以适应外部环境的变化，而选址一经确定就难以变动，如果选址选择得好，企业就可以长期受益。其次，选址事关企业成败，企业位置选择将显著影响实际运营的效益、成本以及日后企业规模的扩充与发展。相对于制造型企业而言，服务型企业的选址更为重要，其位置的好坏在很大程度上直接决定了企业的营业收入高低，最终决定了企业的存亡。最后，选址是制定经营目标和经营战略的重要依据。商业企业在制定经营目标和经营战略时，需要考虑很多因素，其中包括对选址进行研究，从而为企业制定经营目标提供依据，并在此基础上按照顾客构成及需求特点确定促销战略。

总体来讲，企业营业场址的选择应考虑以下几方面因素：地区经济、区域规划、地理位置、文化环境、消费时尚、可见度和形象特征。

三、企业法律形式

企业是一个组织，得有一种法律形态，即决定办什么形式的企业。中国民营企业的主要法律形态有：股份有限公司、有限责任公司、外资企业、中外合资企业、中外合作企业、乡镇企业、股份合作制企业、合伙企业、个人独资企业、个体工商户、农村承包经营户等。

小微企业最常见的法律形态是：个体工商户、个人独资企业、合伙企业和有限责任公司。

（一）各类企业法律形态的特点

不同法律形态的企业有各自的特点（表2-4-1）：

表2-4-1　不同法律形态的企业的特点

	业主数量和注册资本	成立条件	经营特征	利润分配和债务责任
个体工商户	业主是一个人或家庭；无资本数量限制	成立条件简单，业主只要有相应的经营资金和经营场所就可以了；个体工商户可以起字号	资产属于私人所有，自己既是所有者，又是劳动者和管理者	利润归个人或家庭所有，由个人经营的，以其个人资产对企业债务承担，无限责任由家庭经营的，以家庭财产承担无限责任

续表

	业主数量和注册资本	成立条件	经营特征	利润分配和债务责任
个人独资企业	业主是一个人,无资本数量限制	投资人是一个自然人,有合法的企业名称,有投资人申报的出资,有固定的生产经营场所和必要的生产经营条件,有必要的从业人员	财产为投资人个人所有,业主既是投资者,又是经营管理者	利润归个人所有,投资人以其个人资产对企业债务承担无限责任
合伙企业	业主在两个人以上,无资本数量限制	有两个以上合伙人,并且都依法承担无限责任,有书面合伙协议,有合伙人的实际出资,有合伙企业的名称,有经营场所和从事合伙经营的必要条件	依照合伙协议,共同出资,合伙经营,共享收益,共担风险	合伙人按照合伙协议分配利润,并共同对企业债务承担无限连带责任
有限责任公司	由两个以上五十个以下的股东组成注册资本因不同经营内容立出法定下限	股东符合法定人数,股东出资达到法定资本最低限额,股东共同制定公司章程,有公司的名称,建立符合有限责任公司要求的组织机构,有固定的生产经营场所和必要的生产经营条件	公司设立股东会、董事会和监事会,并由董事会聘请职业经理管理公司经营业务	股东按出资比例分配利润,并以出资额为限承担有限责任
股份合作制企业	股东包括全体企业成员,无资本数量限制(有地方规定的例外)	无具体规定	企业成员入股,一般实行全员入股建立资本金制度,职工既是参股人,又是劳动者	股东按出资比例分配利润,并以出资额为限承担有限责任
中外合作企业	投资人至少包括一个中方投资者和一个外方投资者,无特殊的注册资本限制,是有限责任公司形式的,注册资本按有限责任公司的规定执行	申请设立合作企业,应当将中外合作者签订的协议、合同、章程等文件报请国务院对外经济贸易主管部门或者国务院授权的部门和地方政府审查批准,无具体人数和注册资本限制	企业设董事会或者联合管理机构,依照合作企业合同或者章程规定决定合作企业的重大问题,中外合作者的一方担任董事长或主任,由另一方担任副董事长或副主任	中外合作经营企业按照合作合同分配利润,并以其全部资产承担债务责任

续表

	业主数量和注册资本	成立条件	经营特征	利润分配和债务责任
中外合资企业	投资人至少包括一个中方投资者和一个外方投资者，属于有限责任公司形式，注册资本按有限责任公司的规定执行	申请设立合资企业，应当将中外合资者签订的协议、合同、章程等文件报请国务院对外经济贸易主管部门或者国务院授权的部门和地方政府审查批准，并符合有限责任公司的设立条件外国合营者的投资比例一般不低于25%	合营企业设董事会，人数由投资各方协商，中外合资者的一方担任董事长，由另一方担任副董事长正副总经理由合营各方分别担任	股东按出资比例分配利润，并以出资额为限承担有限责任

（二）选择合适的企业法律形态主要考虑的因素

企业的规模；行业类型和发展前景；业主或投资者的数量；创业资金的多少。

（三）企业法律形态对企业的影响

主要有以下几方面的影响：开办和注册企业的成本；开办企业手续的难易程度；业主的风险责任；寻求贷款的难易程度；寻找合伙人的可能性；企业的决策程序；企业利润所得。

当准备开办企业时，要选择恰当的企业法律形态。企业法律形态不同，企业的法律地位和企业投资人的风险责任范围也不同。对小企业来说，最常见的法律形态是个体工商户、个人独资企业、合伙企业和有限责任公司等。

如果企业不打算借债，是否限制业主个人对企业债务所承担的责任就无关紧要，可以采用简单、经济的形式开办企业，如个体工商户或合伙企业就比较适合。

如果企业需要借大笔钱，企业负债很高，那么限制业主个人对企业债务所承担的责任就很重要，选择有限责任公司的法律形态较为适合。

如果有国外亲戚朋友愿意投资帮助创业，可以选择中外合资或中外合作的法律形态。

如果资金和技术不足，但有志同道合的朋友愿意合作，不妨选合伙企业、有限责任公司的法律形态。

如果不喜欢与他人合作，可以考虑个体工商户或个人独资企业。

选择企业的法律形态要考虑很多方面。在选择企业的法律形态和注册企业时，应该寻求更多帮助。中国有专门为扶持小企业提供咨询的政府机构（如国家和各地区的工商管理局等）和非政府组织（工商联合会等），还有帮助下岗失业人员创业的劳动就业部门。如果开办一家大型或结构复杂的企业，应当听取律师的意见。不同的企业法律形态各有利弊，在选择企业的法律形态时，要考虑对企业将产生的影响。

四、申请企业筹建许可证

根据有关税法规定，筹建期是指从企业被批准筹建之日起至开始生产、经营（包括试生产、试营业）之日的期间。向当地工商行政管理部门申请企业筹建许可证需具备以下文件：申请报告、名称核准通知书、公司章程、可行性报告、场地租赁合同（房产证明）、营业执照申请表（由工商出具）、股东会决议、董事会决议、董事（长）股东身份证明及照片、法人委托书、验资报告等。办理筹建期营业执照，可以在租赁合同签订后开始准备资料。

五、企业营业场所的建造

（一）建筑设计

建筑设计通常要经过以下几个步骤：

1. 初步设计

初步设计也叫建筑可行性研究，指的是按照政府有关部门划定的建筑红线（允许建筑范围）和城市规划的有关规定来设计建筑的外观、高度、布局、容积率、绿化率、水电用量和来源及排污量等。当建筑的详细设计完成之后，即可向规划局申领建筑许可证，向城乡建委申领施工许可证。

2. 设计初审

当建筑的初步设计完成之后，要由城乡建设委员会牵头，汇集规划部门、园林文物部门、环境保护部门、消防部门、水电部门、市政排污部门、卫生防疫部门等对初步设计方案进行初审。各个部门的有关专家从各自的管理角度出发，对方案进行审议，提出修改意见。

3. 扩初设计

根据各部门专家在初审时提出的修改意见，补充和修改原有方案，将设计方案详细化。

4. 方案再审

完成扩初设计之后，仍然要请上述部门对新的设计方案进行再审，决定设计方案在原则上是否予以通过，并提出具体的修改意见。

5. 详细设计

在上述管理部门对扩初方案予以基本肯定并提出具体修改意见后，建设单位即可进行详细设计。这次设计要全面而具体，图纸要齐备并合乎规格。当详细设计完成之后，即可向规划局申领建筑许可证，向城乡建委申领施工许可证。

（二）工程招标

当建筑设计阶段的工作完成之后，企业就可以准备进行建筑施工了。建筑施工的第一步工作就是进行工程招标，以确定具体进行建筑工程的单位。按照国家的有关规定，为防止在施工单位的选择工作中作弊，也为了保证工程质量，所有建筑工程都必须以公开招标的方式选择施工单位。招标工作必须由政府专设的招标管理办公室（以下简称招标办）进行。筹建处必须向招标办提供以下资料：建筑设计图，招标文告，招标报告书，招标说明书。由招标办代向参加投标的单位出售招标说明书并负责审定投标单位的资格，删除资质不符合要求的建筑单位。投标单位在研究了招标说明书之后，必须在规定的时间将标书封好，上交招标办。通常标书的内容主要有工程预算、工程质量、工期进度、完工日期。招标办在预定的开标日期开标，逐个审议施工单位的标书，并进行比较，若有不清楚的问题，还可召集投标单位座谈，谓之询标。最后从众多投标者中选定一个标书内容与建筑单位的招标报告要求最为符合的建筑单位，公开发布中标通知书。至此，招标工作结束。

（三）施工监测

施工监测贯穿于企业筹建的全过程，是项目公司或筹建处最大量的日常工作，它渗透于建设工程的每一阶段，主要目的是严格地把握工程质量。这种把握并不是工程结束后的一次验收就能够完成的，建筑的质量由建筑过程中的每一个环节积累而成，必须不断地观察，保留原始凭据才能达到目的。施工监测主要包括：施工材料是否符合质量标准（必须按规定留样备查），施工方法是否符合设计要求，电路、上下水管道、蒸汽管道和消防管道的铺设是否按设计要求进行。

（四）设备订购、安装

在建筑施工后期，各种基础设施设备和大型专业设备要及时地购进并进行安装，如空调机、锅炉、电梯、安全监视系统等。

（五）装修设计与施工

在营业场所的建筑施工完成后，装修工程就成了最紧迫的任务。按照国家的规定，装修工程的设计要像建筑工程一样，需要由规划局会同园林、消防、环境保护、卫生防疫等部门审批。装修工程的施工也应该通过招标办公室招标选定施工单位。霓虹灯的设置则必须经规划局和电力局审议批准。

六、办理营业申请

企业在开始营业之前必须得到政府各有关管理部门的许可。体育服务业既是经济事业，又是文化事业的组成部分，其经营行为涉及面极广，政府的很多管理部门对它都负有管理责任。因此，企业开业前的营业申请工作极为复杂，工作量很大。通常情况下，企业在营业前必须向以下部门提出申请，获得许可后才可以正式开始对外经营：向工商管理部门申领营业执照（虽然项目公司在筹建时已经申领了工商执照，但在营业场所正式对外营业前还必须申领场所的营业执照）；向环保部门提出营业申请；向消防部门申领消防许可证；向水电部门提出营业申请；向市政部门申领排污许可证；向卫生防疫部门申领卫生许可证；向公安部门申领治安许可证；向当地文化市场管理部门申领文化表演许可证；向物价局提出核价申请；到税务局办理税务登记，领取税务许可证。

七、其他筹建工作

开业前，筹建处还有一系列工作，主要包括：筹建处将所有施工图纸资料完整地转交给企业工程部;企业管理方案、员工守则以及各部门各岗位的职责范围及操作规程设计;招聘技术人员和服务人员,并进行岗前培训;为企业项目做前期的广告宣传;购置营业时所需的工具、用品和食品饮料,为职员定做工作服;布置和准备开业庆典。开业庆典结束后,企业的筹建工作才算正式结束。

第三章 体育企业人力资源管理

体育创业离不开企业管理，要成功开展体育创业活动，首先要了解体育企业的管理知识，尤其是人力资源管理的相关知识。企业管理，从整体上来说，就是企业人、财、物的管理，而其中对人的管理是最基本的，因为不论是哪一方面的管理工作都是由人来策划实施的。对体育服务行业来说，情况更是如此。体育服务行业是劳动密集型行业，离开了人，企业就无法生产出完整的产品，离开了对人的科学管理，企业就无法保证企业产品的质量，无法取得好的经济效益。体育企业人力资源管理也为体育创业提供了人才保障。无论是初创企业，还是成长中的企业，都需要不断吸引、培养和保留优秀的人才。人力资源管理在企业发展中处于战略地位，可以为经济效益的增长创造条件，在社会经济不断发展的过程中，企业所面临的市场竞争愈加激烈，而员工的工作态度、工作能力等都会影响企业的经济效益，所以需要加强人力资源管理，优化人力资源配置，通过人力资源管理提高企业的经济效益。人力资源管理包括诸多内容，如人力资源规划、招聘与配置、培训与开发、绩效与薪酬管理、劳动关系管理等，只有做好各个环节的管理工作，才能增加企业的经济效益，促进企业可持续发展。人力资源管理部门作为企业组织的主要职能部门，对提高企业组织的基本竞争力和业务发展水平具有重要作用。

第一节 体育企业的组织结构

组织结构是组织内的全体成员为达成组织目标，在管理活动中分工合作，并构建职务范围内责、权、利方面的动态结构体系，其本质是为了达成组织战略目标而采用的分工合作体系。组织结构的作用是协调控制各部门在经营过程中的关系，通过运用适当的管理方法和技术手段，发挥组织中各类人员的作用，把投入企业中的有限资金、物资以及信息资源转化为可供出售的产品，企业组织结构直接影响企业发展战略和组织目标的达成。

企业的组织结构是企业存在的基础和构架，是企业经营发展实现战略目标的载体和手段，其科学性和先进性对企业的发展有重要影响。企业的组织结构要适应内外部环境、企业文化、企业战略、人员素质、企业规模、企业生活周期及技术水平，只有合适的组织结构才能更好地适应环境变化，提升组织效率，促进企业健康良性发展。

一、组织结构的类型

组织结构的种类主要有直线制、职能制、直线职能制、事业部制、矩阵制、母子公司制等。每一种类型都有各自的特征，直线制、职能制及直线职能制的集权程度都不是太高，面对企业规模不断扩大的情况，集权的管理模式对组织以及环境的适应能力较为有限。随着企业发展的需要，事业部制、矩阵制、母子公司制应运而生，集权的形式被打破，并且事业部和母子公司制实现了高度分权，从而使得组织管理灵活性增强，运营风险得到分散，组织活力充分发挥出来。虚拟组织是在事业部和母子公司制的基础上发展起来的，其正规化程度更好，在保持组织核心能力的同时使得组织的灵活性更强。

体育服务部门管理一般采用"直线职能制"，其特点是把所有机构和部门分为两大类，即业务部门和职能部门。业务部门按等级链的原则进行组织，实行直线指导，直线制由此得名。职能部门是为业务部门服务的部门，是执行某项管理职能的部门，包括财务部、人力资源部、总务部、工程部等。健身俱乐部组织结构，如图3-1-1所示：

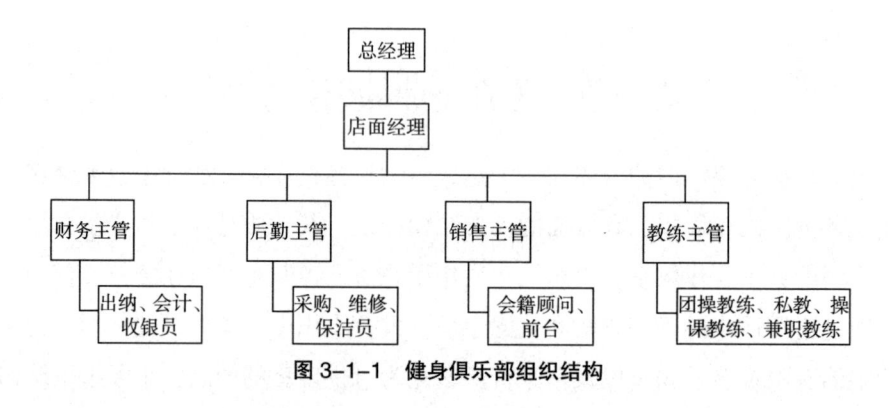

图 3-1-1　健身俱乐部组织结构

二、体育服务企业组织结构设计原则

企业的类型、规模和组成不尽相同，这不但因为它们的市场定位、接待规模、经营方式有所不同，而且还因为经营管理者的经营理念和管理模式不同。但是，各项目组织机构的设置原则是一致的，主要体现在以下四个方面：

（一）组织形式必须适应经营需要的原则

组织形式要为企业的经营服务，其机构要适合经营业务，出于需要而设置机构。健身设施的部门设置常以健身项目为基本单位。大型的综合健身娱乐企业容易出现在总经理之下并列设立桑拿浴、健身房、游戏机房、高尔夫球、保龄球馆、棋牌室、餐厅、工程、保安、管家、财务、销售等十几个二级部门，这样的设置十分不科学，总经理的管理幅度大，问题层出不穷，从而会降低管理效率。应该将功能特点、业务联系或区域相近的项目合起来组成二级部门，如康体部下设健身、桑拿浴等项目，这样才能使健身娱乐企业的管理活动有效进行。

（二）机构设置必须科学的原则

企业内部的机构设置，必须明确其功能和作用、任务和内容、工作量是否合理以及和其他项目的关系等。要特别注意发挥其正常运行的作用，即经营管理、控制、督导等作用。设立机构之后，接着就应配备相应的管理人员。配备管理人员必须注意，每个职务都应有明确的职责、权限和实际工作内容。

机构设置的科学性还表现在能够适应有效的指挥跨度。一般情况下，一个管理人员的管理跨度不应超过八项，以三至六项为宜。机构设置科学性的另一个表现是能否避免机构臃肿、人浮于事，要因事设职，不要因人设事。健身娱乐企业属于劳动密集型行业，企业内部岗位人员众多，容易出现管理机构层次设置过多的弊病。若下设管理层次太多，就会形成总经理与普通员工距离过于遥远、难以沟通的局面，从而降低管理效率。因此，在进行组织机构设置时，要尽量精简，不要设置过多的等级，通常以总经理—部门经理—项目经理—作业班组领班的设置方式较为适宜。

（三）等级链和统一的原则

等级链是一条权力线的链锁，在每个环节上都应有相应的权力和职责，下级只接受一个上级的领导，不能由多头领导。例如，游泳池服务员只接受游泳池领班的领导。一般情况下，游泳池主管也应该通过领班去领导员工，不宜直接改变领班的安排（特殊情况除外），否则领班就成了摆设，主管变成了领班。统一的原则是指组织是个统一的有机体：统一划分各个分部门的职权范围，统一制定主要的规章制度，统一领导组织各个下属项目的工作。

（四）分散管理与集权控制的原则

健身服务企业中的许多项目部门在从业务到资金流动的整个过程中都有相当的独立性，为了充分发挥基层管理者的主观能动性，使一线员工能够因事而异给客人提供最周到的服务，健身服务企业应适当采用分散管理的方法，给各项目部门以一定的人、财、物的权力。在实施分散管理的同时，必须考虑企业最高层管理者对这些部门是否有可靠的控制手段，部门的权力和分散管理要与企业的整体控制相结合。比如，许多大型健身娱乐企业采用部门指标承包的方法进行管理，以适应各项目部门业务活动相对独立的特点，但同时企业对各部门的整体格调、营业时间、服务档次及财务收支等都必须有总体控制权，而不能各行其是，否则企业整体形象会遭到破坏，甚至以小集体利益损害企业大集体利益。

健身娱乐企业在进行组织机构设立时，除上述特别需要掌握的原则以外，现代企业管理学原理中的组织结构优化、权变理论等对企业管理也都具有现实的指导意义。

三、体育组织结构的设置

体育企业组织机构的模式是要根据经营管理的要求设置职务，因为各项目的要求是不同的。组织结构优化设计的影响因素有很多，从企业内部管理的角度来看，组织结构和企业战略、企业的管控模式、企业的业务流程相互影响。

（一）组织结构优化设计的步骤

企业组织结构优化设计由五个步骤组成。

第一步：对组织结构的影响因素进行有效分析，包括企业内外部环境、企业规模大小、企业战略调整与否、信息沟通渠道的顺畅情况等，选择满足以上要素的最合适的组织结构模式。

第二步：依据企业选择的组织结构形式，将企业划分为若干个不同的、相对独立的部门。

第三步：各个相对独立的部门建立部门组织结构。

第四步：将各个部门进行组合，形成整个企业的整体组织结构形式。

第五步：试运行，根据企业的现状对组织结构运行过程中不合适的地方进行调整完善。

（二）组织机构的人员编制

1. 影响编制的因素

（1）营业时间的长短

各个不同项目每天营业时间不尽相同，有的项目排一个班次，有的项目排两个班次，有的项目排三个班次，这是影响编制的因素之一。

（2）客流量的大小

由客流量的大小能够推算出某个项目中某个岗位劳动量的大小，从而进一步推算出该岗位服务人员的数量。例如，两个同样规模的游泳池，由于客流量的差异，配备的救生员的数量不同。因此，客流量是影响编制的因素之一。

（3）营业季节的淡旺

很多体育健身项目具有明显的淡旺季特点。例如，室外游泳池和室外游乐场，淡季和旺季的客流量差异特别大。因此，不同季节员工的数量也会不同，可以采用弹性编制的方式予以解决。

（4）管理模式的差异

不同的国家、地区和机构由于经济体制、所有制形式、人们的道德观念等的不同，特别是管理人员的管理理念、管理模式的不同，健身机构的编制也不尽相同。

2. 编制的依据

（1）政策依据

制定编制属于劳动管理工作，在做这项工作时，首先要贯彻执行劳动法。《中华人民共和国劳动法》规定：国家实行劳动者每日工作时间不超过八小时、平均每周工作时间不超过四十四小时的工时制度；用人单位应当保证劳动者每周至少休息一日。这是制定人员编制时的政策依据。

（2）项目依据

不同的项目需要的服务人员数量是不同的，即便是同一个项目，在不同的区域配备的服务员数量也要根据实际情况来定。

（3）服务档次依据

同样的项目，由于市场定位不同、服务档次不同、所提供的服务细节不同，所配备的服务员数量也会不同。例如，普通的桑拿浴室只要发给每位客人一把更衣柜钥匙就行了，服务员再照看一下设备，保证其正常运转，不需要太多的面对面服务。高档的桑拿浴室则要设迎宾员，还要设专职的更衣室服务员，帮助顾客更衣、为顾客擦皮鞋等；还要设专职的浴室服务员和休息室服务员。前后两者相比较，配备的员工数量会有很大差别。

3. 制定编制的方法

先定岗位再定编制。例如，健身俱乐部可以根据需要设置前台收款岗、会籍引导岗、教练岗、更衣室服务岗、休息室服务岗等，然后再根据需要确定每个岗位的服务员数量，从而制定出该项目的人员编制。

需要说明的是，应按每周营业 7 天，但每个员工每周工作 5 天、每天工作 8 小时计算，因此每个固定岗位需要的人员数量是：（8 小时 ×7 天）/（8 小时 ×5 天）=1.4 人。

四、组织机构合理性判定

优秀的组织结构能够完美地贴合项目管理工作的要求，具有高能动性、高灵活度、高效率的特点。项目的整个组织结构体系运行顺畅并能自我改进，能很好地促进目标达成和促进项目管理能力提升。可以从以下四个方面对项目组织结构的合理性进行分析：

一是业务结构。经营项目管理业务结构完整，管理领域和管理内容全面。

二是职能结构。项目管理的全部工作事项均已合理分解至相关部门，业务分工明确，职能结构合理。

三是层次结构。从管理层级、管理幅度两个方面进行分析，组织结构划分为三个管理层级，指令传递路径较短，工作效率较高。根据管理者的管理水平及相关管理工作的重要程度确定各部门管理幅度，符合实际需求。

四是职权结构。各项工作均已明确分工、合理授权，项目层级结构能够满足项目管理需求，沟通关系明确，沟通渠道顺畅。

企业处在不断变化的社会环境之中，因此企业的组织必须学会适应外部环境的改变，企业的组织结构也要在外部环境或内部的经营环境发生变化的情况下，更好地适应和更有力地支持新的战略变动要求；要在企业的发展过程中及时地发现不足，进而制定切实可行的、有利于组织结构优化设计的措施，去弥补本企业的不足之处，提升企业的经济效益和市场竞争力。

第二节 员工的招聘

招聘是指企业内部为满足发展需要，根据人力资源规划和工作分析需要的人才数量与质量要求，从外部引进人才的过程。招募相应素质、相应水平的工作人员，是企业保证产品质量，树立和保持良好的企业形象的保障。在体育服务企业中，服务质量水平低的一个重要原因往往是雇用了不合适的从业人员。低水平、不合适的工作人员既无能力进行经营、管理的策划，也无法正确、透彻地理解上级管理人员的管理意图。因此，发现和吸收优秀人才是人员管理工作的第一步。组织机构确定之后，就需要通过招聘适当的人才填补组织的岗位空缺。

招聘工作也是人力资源管理的一个重要内容，是按照企业相应岗位的职务所要求的条件选择合适的应聘者。职务是根据企业各个岗位的工作条件、内容、目标、责任、范围等方面要求提出的，通常来看，招聘内容可以大致分为招募、选拔、录用、评估四部分。招募是企业为了吸引更多的候选人的行为，主要包括招聘计划制订、招聘信息发布、候选人职位申请。选拔是企业挑选最合适的人来匹配某一岗位的过程，涵盖资格审查、简历初选、面试、笔试、体检、人员甄选等环节。录用指的是企业经过审核最终向候选人发出录用通知的动作。评估是对招聘效果的评估。

一、招聘的重要性

（一）招聘是增补新员工的有效途径

体育服务行业的员工流动性比较大，容易出现岗位空缺、人才资源短缺等问题。员工流动大的原因有很多，如企业经营情况以及因意外事故产生自然减员、老员工退休、企业扩建改造等的岗位空缺。填补这些岗位空缺的主要途径是招聘新员工，从而使员工队伍保持稳定，使正常经营不受影响。

（二）招聘是促进员工队伍优胜劣汰的重要手段

员工队伍应当保持稳定，但这种稳定是相对的；员工的适当流动也是合理的，适当的流动可促进企业的持续发展，促进员工整体素质的提高，从而提高服务质量，提高经营业绩。招聘工作就是通过对应聘人员在德、能、勤、技等方面的考核，择优录取，让更符合岗位要求的员工从事相应的工作。这样有利于优秀员工的流入和不良员工的流出，使员工队伍处于良性流动状态，提升企业人力资源管理价值。

二、招聘员工的方法

（一）招聘渠道

1. 内部招聘

内部招聘可以选拔出对企业各方面情况都十分熟悉、十分了解的人才，不需要像新加入的外部人员那样用很多时间进行专门训练和适应环境。内部招聘不需要媒体传播，可以节省开支。更重要的是，内部招聘管理人员尤其是高级管理人员，给企业内部有理想、有抱负、有一定能力和水平的员工提供了一个发展的机会，可以有效地稳定和鼓舞企业内部人才，激励他们努力工作、不断进取，从而推动企业快速发展。内部招聘的员工对本企业经营情况比较熟悉，能够较快地适应岗位要求。通过这样的方法人尽其才，并且能够调动员工的积极性。但是，内部招聘也有弊端：一是招聘时选择面较窄；二是容易导致人际关系复杂、招聘墨守成规等不良情况的出现。因此，在选拔管理人员或补充岗位空缺时应内外招聘兼顾。

内部推荐渠道，即人力资源部门根据具体的招聘需求，利用企业内部群、企业微信公众账号平台、易企秀等软件发布招聘信息并进行内部推送。通过这样定期在企业内部发布目前空缺职位信息，企业员工可以直接向人力资源部门申请自荐或推荐。

2. 外部招聘

外部招聘是招聘员工的主要途径。企业根据外部招聘计划确定的对员工数量和素质的要求，采用适当的方式进行招聘。对一些专业人才相对比较短缺的中小企业而言，做好人才的引进留用培养工作，可以有效避免企业未来发展遇到核心业务环节的技术瓶颈和人才断层，及时制定系统化的选人、用人体系。人才招聘应透明、公开，应具有严格且科学的用人、选人评选标准。明确用人目标，有针对性地选取人力资源，分析应聘员工的专业素养和综合能力，再认真比对企业当前建设战略计划，选择有利于企业实现长期创新发展目标的工作人员。可以通过广告媒体进行宣传，使更多的人了解本企业的招聘信息，以便增加对应聘者的选择余地。同时，这种宣传也能够扩大本企业的知名度。

外部招聘一般采用网络招聘、校园招聘、社会招聘会、当地人才市场招聘会推荐等方式。

（二）招聘步骤

1. 招聘前的准备

在招聘前，应精确地列出企业正常运转所需设立的岗位，按照标准的操作程序和工作效率计算出每个岗位需要的人员数量，并根据现有人员数量和工作效率及预计在未来的一段时间里将要流出的人员数，计算出企业缺少的工作人员数量。为了企业的进一步发展，还应对每个岗位的未来定员做出合理的预测，提前做好人力资源准备。同时，详细研究每个岗位对工作人员的基本素质、技术和能力水平的要求，为招聘工作提供实际依据。应聘表格是要求每一位应聘者填写本人基本情况的书面材料，它是企业评价应聘人员是否适合企业各岗位工作的文字依据。其设计必须全面准确，表格内容要与各岗位员工适用条件有关，同时要避免过于繁杂、难以回答或有过多需要书写的内容，因为必须保证应聘者能够在较短时间内完成填表手续，使填写内容清晰明了。表格内容应以企业各种人员的素质要求为依据，同时结合企业自身的特殊情况和特点加以认真设计。

2. 发布招聘广告

招聘广告是企业招聘工作的重要一环，广告内容和广告水平反映了企业的实力和档次，也是公众了解企业的渠道之一。完美的招聘广告应该包括以下内容并符合相应的要求：

第一，对企业实力、背景情况、工作环境及企业经营内容做简要说明，使人们对企业产生兴趣，激起人们加盟的意愿。做这部分介绍时必须牢记，其目的是招聘员工而不是企业广告，内容必须简洁并突出工作环境良好这个主题。

第二，应有新颖、醒目而诚恳的标题。这个标题应能够引起人们对招聘广告的注意，使它不至于淹没在众多的广告之中，并且要准确地表达出企业纳贤的诚意，使应聘者感到企业对人才的尊重和渴望。

第三，在广告中明确提供招聘岗位的工作内容、工作地点、工作环境，提出对应聘者学历、专业资格、经历和户口等方面的条件要求，并且在必要时说明被聘者的待遇，这一内容在尚未确定时可以没有，但尽量避免使用含混模糊的词语，如"待遇从优"或"收入将与您的付出相符"之类华而不实之词，以免给人造成企业不够诚恳的感觉。

第四，应准确地介绍应聘的方法，如咨询电话、联系人、报名时间、报名地点、应聘时应带什么证明文件等。招聘广告拟就之后，应选择最合适的媒体进行传播。不同档次的企业，招聘不同类型、不同等级的人员应该选用不同的媒介载体。

3. 初次面试

人力资源部的招聘人员与应聘者面对面地交谈，以考查应聘者的仪容、表达能力等是否符合初步要求，了解其经历、学历，以及对工作待遇、工作环境、工作时间的要求。如果认为初步合格，则需要核查应聘者的有关资料，以便综合判断。

（1）核查应聘资料

为准确了解应聘者，企业应该到应聘者原单位去了解其工作态度、人事关系、业务水平等方面的情况，以作为进一步考察的资料。

（2）测试和评估

为了解应聘者的知识和能力水平，应该对应聘者进行测试。测试的内容与方式根据职务所要求的条件确定；根据测试情况对应聘者做出评估。

4. 再次面试

应聘者被基本确定聘用之后，还可以再一次面试，了解其个性、抱负、经验、技能、兴趣等，以考察其能否适应工作，有无发展前途。

5. 体格检查

在上报审批之前必须进行体检，因为政府管理机关对体育行业相关从业人员的身体状况有较严格的要求。同时，从对企业和对员工负责的角度出发，也应该安排体检，以便客观地了解应聘者的身体情况。

6. 审查批准

将应聘者的职位申请书、调查材料、面试记录、健康卡片等材料整理汇总，上报体育企业高层管理者审批。

7. 录用报到

通过最终审批之后，再由人事部门用适当的形式通知应聘者按指定日期报到，并签订《试聘劳动合同》。上述招聘程序适用于管理较严格的大型企业，有些企业在实际招聘工作中可适当灵活掌握。

8. 招聘效果后评估

在一个招聘工作周期结束后，人力资源部针对近期的招聘成果会进行简单的复盘，类似于定期的工作总结与反思，同时发现招聘工作过程中存在的问题有哪些、如何去改进，以便下次招聘的顺利开展。

（三）非正式编制员工的招聘

1. 非正式编制员工的概念

由于体育相关行业经营与服务的特殊性，一些企业常聘用在岗而不在编制之内的具有特殊技能的员工，这些人员统称为非正式编制员工。例如，销售人员、私人教练、兼职教练员等。

2. 非正式编制员工的特点

（1）具有较强的专业技能

这些人从事的工作都需要经过专门培训才能胜任，有些工作还需要有较强的天赋，不是一般健身企业能够自行培训的。

（2）与企业的劳动关系比较灵活

工作流动性比较强。因为有专长在身，往往会去报酬较高的地方工作。一些企业也常用高薪去"挖"人。总之，非正式编制员工与企业的劳动关系比较灵活。

（3）计算劳动报酬的方式与正式员工不同

正式员工的劳动报酬一般按年薪或月薪计算；非正式员工的劳动报酬有按天计算的，有按小时计算的，有按场次计算的，有根据个人创造的收益按比例提成的。

3. 招聘程序

（1）制订招聘计划

根据某些健身俱乐部项目的特殊要求，制订相应的招聘计划；根据职位说明书的要求，制定招聘标准。

（2）确定招聘渠道

可以在报纸上登广告招聘；可以直接在专业团体或行业协会招聘；可以与学校联系以学生实习的名义合作招聘；可以通过中介机构或私人推荐招聘。

（3）审阅应聘资料

通过应聘报名表或履历表了解应聘者的相关情况，包括姓名、年龄、住址、技能、文化程度、健康状况、工作经历等，以初步判断应聘者是否能达到职位说明书的要求。

（4）面试

通过面试，了解应聘者的仪容仪表、诚实度、思维能力、表达能力、基本技能等情况。

（5）技能测试

这是考查应聘者实际技能的重要环节。技能测试可以从两方面进行：一是通过口试或笔试测试其理论修养，二是通过具体操作测试其实际能力。

（6）核查资料

首先，通过应聘者的证明人进行核查，以核实应聘表中的情况是否属实，进一步了解其学习情况和工作经历及个人爱好。其次，通过原单位或雇主了解应聘者以前的工作态度、工作业绩、个人品质、健康情况等。依据面试、技能测试、核查材料，对应聘者能否适应工作做出基本判断。

（7）办理相关证件

办理健康证：到卫生防疫站或指定的医院体检，并且通过卫生防疫站的培训才能取得健康证。如果是外地应聘者，还应持有身份证、公安部门签发的暂住证、劳动管理部门签发的务工证。

（8）发出录用通知和报到

人力资本作为企业的核心资源，与企业的生存与发展密不可分。招聘就是为企业发展需要提供优秀人才，同时为企业输送新生力量，带来新的思维方式，增添新的生命活力，是解决企业发展需要的优秀人员进行的一项重要工作。只有对招聘环节做出合理科学的设计和良好的管理，才能获得高质量的员工。在实施招聘工作的过程中，也可以提高企业的声誉，了解企业在人才市场环境下的竞争力与不足之处。招聘也有助于企业劳动力的合理流动，并合理规范企业的人员资源分配。

第三节　人员培训

企业的经营目标和管理者的管理意图都要靠企业员工来贯彻落实。企业领导者必须对所有员工进行全面有效的培训。通过培训，规范工作人员的工作程序和工作方法，使工作过程简单化、标准化，提高工作效率。同时，使工作质量得到可靠的保证；通过培训，使他们的工作达到熟练的程度，降低事故发生概率；通过培训，使员工具备应有的工作热情和敬业精神，保证向客人提供满意的服务；通过培训，使员工了解企业设施设备，掌握科学正确的操作程序，降低设备损坏率、物料的损耗率，从而降低企业的经营成本。

培训和督导是企业的重要工作，是企业加强管理、改善经营、提高档次、稳定客源、增加收入的重要手段。培训工作又是企业员工提高能力、发挥作用、争取晋升、体现价值的有效途径。督导工作则是培训的继续和延伸。

企业的员工培训内容主要包括技术培训和职业道德培训两方面。

一、培训的含义和作用

（一）培训的含义

培训是通过指导活动使受训员工获得知识、提高技能、改进态度，以适应企业员工工作需要的过程。

1. 岗前培训

岗前培训是指对新进入企业的员工进行的基础性、全面性的培训。岗前培训工作一般由企业的培训部负责，旨在让新员工了解本企业和健身服务的一般知识以及各工种相关知识，同时开展操作技能训练。

2. 在岗培训

在岗培训是指对已上岗员工进行带有适应性和针对性的培训。在岗培训工作一般由督导层管理人员组织实施，其目的是弥补岗前培训的不足和解决实际工作中出现的问题，同时向员工传达具体岗位的要求和服务技能以及本行业的新概念、新要求。

（二）培训的作用

培训既有益于顾客、员工，也有益于企业。培训的作用有以下几个方面：

1. 提高员工的认识水平

首先，通过培训可以提高员工对工作的认识，引导他们正确地对待人生，正视各种社会现象，摆正金钱、物质和本职工作的关系，提高遵守职业道德标准的自觉性。服务工作是社会工作的一部分，而且是重要的一部分，在社会中，我们每个人既是服务人员，又是顾客；既是生产者，又是消费者。其次，通过培训可以增强员工的质量意识，使员工认识到"宾客至上，服务第一"的重要性，在服务态度、礼貌、礼节、操作技能、工作效率、心理素质等方面自觉地加强修养，在工作实践中为客人提供优质服务。

2. 掌握专业技能

体育健身服务业是个综合性很强的行业，所经营的项目之间存在明显的差距，因此员工除了应具备基本的服务技能外，还要掌握本项目的专业服务技能。这些专业技能必须通过认真的培训才能掌握。某些特殊岗位，如游泳救护员、健身教练员、滑雪教练等，还需由特定培训机构培训并经过严格考核之后，才能获得社会和行业认可的上岗合格证。

3. 提高劳动效率

通过培训，员工可以提高认识、掌握技能、提升独立工作的能力，有助于本职工作劳动效率的提高。员工工作能力的提升也可将管理人员从烦琐的工作中解放出来，从而有助于企业整体工作效率的提高。另外，培训也可以为员工创造晋升机会，激发其不断进取的工作热情，从而提高企业的整体工作效率。

4. 降低经营成本

计划周密、系统的培训能够提高员工的工作水平，降低企业的经营管理成本。心理学的分析表明，当员工工作有困难而变得心烦意乱时，就会产生工作压力，如果这种压力得不到有效缓解，员工的工作态度就会变差，工作效率就会降低，最终导致人心不稳、人员流动。实践证明，人员非正常流动是造成企业劳动力成本过高的主要原因。成功地培训能减轻服务员的工作压力，减少人员流动，提高生产效率，降低劳动成本。

5. 提高服务质量

对于体育服务行业，客人判断企业服务质量的高低主要是依据服务人员的工作态度、工作能力等综合素质，从这个意义上说，服务人员的态度和工作表现是企业经营成功的关键。而要提高员工的综合素质，就必须做好培训工作。

二、培训内容

企业的员工培训内容主要包括技术培训和职业道德培训两方面。

（一）技术培训

企业从业人员要胜任各个岗位的工作，必须具备相应的技术能力，包括各种专业知识技术，服务知识、技能、技巧和服务心理学基础知识。

1. 专业知识技术

第一，器械设施设备的基本性能和基本运行原理。

第二，正确的设备操作程序与方法。

第三，基础的日常的设备维护维修方法。

第四，经营项目的活动规则、方法和活动技术技巧。

第五，各项目专业理论知识。如健美俱乐部要为客人提供运动计划、运动强度建议及各类有氧操编舞服务，在必要时还要提供医护服务，这些都需要专业咨询人员和专业医护人员掌握有关的基础知识，而且应该掌握系统的专业理论知识，以便为客人提供真正科学有益的指导。

专业知识技术的培训是娱乐企业培训工作的主要内容。不同类型的知识技术需要长短不一的培训时间，有时企业的从业人员还需要经过国家规定的有关培训、考核，并取得国家规定的上岗证书才能上岗工作，如消防技术、防疫知识等培训。

2. 服务知识、技能、技巧

服务工作需要专门的知识和技巧。优秀的服务人员不是天生的，需要长期地培养，尤其是在体育健身服务场所从事服务工作，更需要经过系统的训练。为使所有服务人员的服务工作能够准确地体现企业形象、企业宗旨，令客人满意，每个企业都必须根据本企业的特点以及经营系统制定服务人员的服务程序和服务规范，这也是服务知识、技能、技巧培训的主要依据，这种培训贵在具有系统性和统一性。在一般企业，这一部分培训包括以下几项内容：

第一，各服务岗位特定的服务方法、服务规范和服务程序。

第二，服务工作中最常用的语言，如普通话、英语。

第三，与服务工作相关的礼貌、礼仪知识。

第四，与本企业项目相关的国家法律法规知识，包括消费者权益知识、公安知识、消防知识、环保知识、防疫知识等。

3. 服务心理学基础知识

从表面上看，服务知识与技能的培训不像专业技术培训那样具有法律规定性，即目前政府部门尚不存在"不完全掌握服务知识与技能就不允许上岗"的规定，但它不仅是企业形象的重要组成部分，而且是影响客人满意度的直接因素。因此，企业应给予重视。这方面的培训应完全按计划，用统一的方式进行。

（二）职业道德培训

职业道德就是从事一定职业的人在职业生活中应该遵循的处理各种关系的行为准则，以及与之相适应的道德观念、道德情操和道德品质等。企业的从业人员常常有更多单独工作的机会，要使员工成功地抵制这些诱惑，在无人监视的情况下也能做到"慎独"，在为客人提供高质量服务的同时，能够自觉维护企业利益，企业就必须对从业人员进行专门的职业道德培训。企业的职业道德培训至少包括以下内容：

1. 端正从业人员的从业目的

要使从业人员认识到工作首先是一项事业，是满足现代人精神需求的事业，也是一个同其他职业一样需要从业者辛勤努力、踏实付出劳动才会有收获的职业。

2. 培养从业人员的乐业精神

要使从业人员懂得在分工明晰的现代社会中我为人人、人人为我的道理，使他们认识到服务是满足人们精神需求的高尚工作，牢固地树立起职业荣誉感。只有乐业，才会全身心地投入工作，才会有真诚的服务态度和周到、娴熟的服务技能。

3. 培养良好的职业态度

每个企业都会要求员工以经营者需要的态度去接待客人，为客人提供合乎质量要求的服务，使从业人员只要上岗工作，就习惯地采用适合工作需要的职业态度，从而减少不良习惯态度的流露，避免不良态度给企业经营活动带来不好的影响。

4. 培养从业人员的敬业精神

要教育从业人员将本职工作与责任联系在一起，而不是仅将工作视为赚钱、谋生的手段；在每一天的工作过程中都应兢兢业业、一丝不苟，尽自己所能将每一步工作做到最好。

5. 培养从业人员的道德义务感和公正真诚之心

企业的从业人员应当把为每一位客人提供的服务都看成在执行企业与客人之间订立的合同。客人与企业的经济关系决定了企业在得到收益的同时有义务向客人提供事先承诺的一定数量、一定内容、一定质量标准的产品，企业从业人员作为合同具体执行者必须满足客人的正当需求，使客人的付出与获得相符，这是代表企业履行合同的服务人员的义务，是企业从业人员应有的真诚公道之心。

6. 培养从业人员的企业归属感和集体主义精神

虽然企业从业人员经常独立工作，但这并不意味着提供给某个客人的产品是完全由工作人员单独生产的，更不意味着从业人员能够脱离集体、脱离企业组织而独立获得其所需要的劳动收益。任何一个合格的产品都是众多前台和后台工作人员共同努力的结果。只有整个企业组织各个方面密切配合，不断地生产出合乎市场需求的高质量产品，企业才会拥有良好的形象和信誉，才能更有效地占领市场；企业从业人员也只有在企业客源旺盛、效益增加的前提下才能获得不断增长的个人收益。因此，从业人员应懂得与企业共衰荣的道理，自觉维护企业利益，做到不损公肥私，自觉参与探索企业更新更好的经营管理方法，同时在工作中积极配合他人，不计较分工和个人得失，以大局为重，集体为重。

7. 教育从业人员抑制利欲

教育员工懂得其工作的真正价值，明确各种利益是否应得的界限，使其将对利益的追求自觉地控制在"应得"的范围之内，懂得自重自爱，避免损公肥私、营私舞弊。

三、企业知识培训

企业从业人员培训工作的目的是使这些人员胜任特定企业、特定部门的特定工作，他们最终将代表企业为客人提供服务，并取得企业所希望的效益，实现企业的经营目标。因此，对新加入员工的培训还应包括使他们了解企业、掌握各种有关企业知识的培训，这主要有以下四个方面：第一，企业的背景情况，如企业的归属、规模、实力、前景，在市场上所处的地位等。第二，企业的组织结构和运作方式。第三，企业希望拥有的公众形象和企业精神，包括企业的宗旨、经营目标、经营战略及企业对外的行为方式。第四，企业内部的各种有关制度和规定。

以上培训内容是对企业从业人员整体而言的，而在实际工作当中，培训应按员工的管理级别划分成不同的等级，有针对性地进行，不同等级人员的培训在内容及深度上应有所不同。培训内容要使员工完全掌握，达到良好的培训效果，并不是短期内能够完成的。因此，企业的培训工作应循环往复不间断地进行，使培训的成果不断地得到巩固。另外，对新老员工在不同的培训时机、培训的内容和方法也应有所不同。

四、督导的含义和基本方式

（一）督导的含义和内容

1. 督导的含义

督导是指负有一定责任的管理者对其下属员工的工作实施以检查、监督、指导为主的一系列管理行为。检查是指为了发现问题而用心查看。更直接地说，检查就是发现问题。因此，检查是解决问题、提高服务质量的前提。监督是指查看并督促。例如，督促部属改正在检查中发现的诸如卫生、服务质量等方面的问题。指导是指示教导和指点引导的意思，即指点解决问题的具体方法。例如，发现跑步机保养得不好，但员工并不知道如何保养，督导者应该指导他们如何进行跑步机的日常维护。具体指导是改进工作的有效途径。

2. 督导的内容

第一，包括仪表仪容、上岗纪律、服务程序、服务规范、服务标准等方面。

第二，仪表仪容主要指员工的外表，包括容貌、姿态、服饰、风度等。

第三，岗上纪律专指员工在岗期间遵守纪律的情况。

第四，服务程序包括工作流程和操作规程。工作流程是指某岗位员工的全部工作内容及工作环节的先后次序。操作规程是指各种设备和器具的操作顺序和操作技术，包括设备的使用、维修和保养，也包括用具的使用方法。

第五，服务规范是指较具体的服务模式或样板。

第六，服务标准是指对服务行为要求的量化指标。

（二）督导管理的基本方式

督导管理的基本方式包括制度管理、标准化管理、现场管理、表单管理、情感管理等。

1. 制度管理

制度管理是通过工作纪律、服务程序、服务规范等强制推行的规章制度，对员工的服务工作进行检查监督的一种管理方式。制度是企业内部员工行为的准绳，它规定了员工在工作期间可以做什么、不可以做什么以及怎样做。企业的基本制度涉及三个方面，即员工手册、岗位责任制和经济责任制。

员工手册是规定企业全体员工权利和义务以及应遵守的纪律和行为规范的文件。员工手册的内容涉及组织管理、劳动管理、劳保福利、考勤制度、奖惩制度、安全制度等方面。

岗位责任制是企业关于每个具体岗位工作人员的职责、权限、工作定额和工作标准等方面的责任制度。岗位责任制是衡量员工工作水平的主要尺度。

经济责任制是企业对各部门、各岗位员工按照责、权、利相结合的原则，将工作业绩与经济利益挂钩，以合同的形式固定下来的一种责任制度。经济责任制体现了按业绩和贡献分配经济利益的原则，能够较有效地激发员工的工作积极性。

2. 标准化管理

标准化管理指企业对工作制定出具体的量化标准，并以这些标准对服务工作进行检查、监督、指导的管理方式。具体来讲，就是要在服务的功能性、经济性、安全性、时效性、舒适性、文明性六个方面制定出定性的和定量的标准。

3. 现场管理

即督导管理人员深入实际工作，亲临现场，观察和发现问题，并争取当场解决问题的一种管理方式。体育健身服务的项目多，分布面大，不便于集中管理，为了保证各环节工作的有效衔接和各岗位员工工作质量的稳定，督导管理人员必须深入现场，随时检查，随时示范指导，使督导工作能够落到实处。

4. 表单管理

即通过各种报表、单据所提供的信息资料进行检查督导的管理方式。这里说的表单包括上级对下级的指令单、活动通知单等，也包括下级对上级的报告书、建议书、统计表、工作日志等文字材料。管理中常用的信息包括规定、要求、现象、愿望、数据等内容。这些内容既可以用文字表达，也可以用表格表达，还可以用图形表达。这三种表达方式各有优缺点，在实际管理中应根据具体情况决定采用某种方式。表单管理的优点是信息传递准确，有案可查，不易遗忘，不易发生"扯皮"现象。

5. 情感管理

即通过"情感投资"来改善督导人员与员工之间的关系，使之感情融洽，以改善和加强督导管理的方式。与制度管理相比，情感管理属于"软"的管理方式，情感管理与制度管理结合使用，能够相得益彰，使督导管理取得较好的效果。管理人员行使管理职权时应尊重员工的感情和人格，热情对待员工，关心员工，给员工以温暖，使员工把为顾客提供优质服务变为自觉的行动。

第四节　员工绩效考核与激励机制

人力资源管理工作归根到底是对人的管理，目的是利用人力资源管理手段调动企业员工的积极性，增强企业员工的岗位责任感，提升企业员工的岗位忠诚度。科学的薪酬绩效要求企业有一个合理的、详尽的绩效评价体系，然后企业应当根据这一评价体系对员工的薪酬进行管理。

绩效考核是用科学的方法对集体或个人在某一段时期内的工作进行检验、评价。在考勤、服务意识、绩效、考评等方面的活动，通过量化的方式，明确了解各单位工作人员的具体情况。将薪酬、考评结果和晋升挂钩，调动员工的积极性，帮助他们树立正确的服务意识。

激励机制是指通过有效的方法或者是制定管理体系，对于能力突出、勤于工作的员工给予正向激励，如精神激励、荣誉激励、工作激励等，以此形成良好的示范效应，树立能者多得、勤者多得的激励理念，进一步对员工起到激励作用，调动各级岗位人员的积极性，带动企业其他员工全身心投入工作，使他们能够恪尽职守，进而为人力资源管理提供有力的保障。

一、绩效考核

绩效管理是企业的重要管理工具，企业通过对职工的能力、业绩等进行科学考核，从而达成薪酬水平、职务晋升、奖励惩罚、人力资源、培训学习等方面的决策。

业绩考评对员工的重要性包括两个方面：一是企业通过绩效考核体系，把企业的愿景、目标、企业文化价值观念层层传递给员工，使之变成员工的自主行为，引导员工的行为向企业目标实现。员工一般很少主动考虑他们应该如何工作，及时地进行业绩考评，并将结果加以公布，可以让员工知道他们的工作做得如何，怎样做才是对的，这是规范员工行为的必要方法。二是通过绩效考核评定员工以前的工作成果，为员工加薪和晋升提供依据，建立企业激励机制，最终实现企业战略目标和提高竞争力。对员工来说，他们最为关心的就是自身在企业当中所获得的经济性与非经济性待遇，员工都希望自己的劳动成果能够得到企业的正确评价，当员工认为企业所给予的待遇与自己所付出的劳动不成正比时，员工的工作效率就会大大降低，同时会严重影响员工对企业的认同感。当员工认为自己所付出的劳动获得了更好的待遇时，员工的工作积极性就会提高。

通过建立完善的绩效考核体系，将该体系与员工薪资相挂钩，进一步带给员工成就感，调动其工作积极性，提高工作质量和效率。绩效评价占据十分重要的地位，绩效评价不但能对员工的工作数量和质量进行评价，还能有效地提高企业的人力资源管理水平。

企业在进行绩效考核时，应遵守以下几项原则：

1. 业绩考评应有统一标准

业绩考评必须公正才能有效，而公正的重要因素就是考评必须有正式规定的统一标准，不能以考评者的印象、好恶作为考评的依据。主观性过强的考评就意味着不同的领导有不同的标准，同一个领导在不同时期也会有不同的标准，甚至同一个领导在同一时期由于心情不同，考评的主观标准也会产生偏差。这样不仅会使考评不科学、不公平,员工无所适从,而且会助长员工"讨好领导比做好工作更重要"的不正确思想。因此,企业必须预先制定出各岗位统一的考评标准,这种标准应通过对每个工作岗位最先进最科学的工作方法的深入研究制定而成,要尽可能量化、文字化,并通告所有将被考核的员工。这样,同一岗位的员工的工作成绩都由同一套标准来判定,考评结果才会令人信服。

2. 考评标准必须具有连续性

如果客户的要求变了,那么娱乐企业员工的工作内容和工作方法也需相应地改变,考评他们工作成绩的标准也就需要改变。然而我们所要遵循的原则是制定考评标准时应尽量扩大标准的适用性,即加强纲领性、原则性的内容,在必要时,细节上可以进行修改和补充,但要尽量避免大幅度的改编,甚至全盘否定,尽量不要发生某一标准只使用一次的情况。考评标准没有连续性,会极大地影响考评工作的公正性。

3. 考评标准应是由不同岗位、不同工种考评标准组成的标准体系

考核的前提是有科学的组织结构与详细准确的岗位职位描述体系,企业各岗位的工作内容和工作方法极不相同,若用一个统一的高度原则化的标准去考评所有员工的工作,则考评不会起到任何有实际指导意义的作用。因此,制定考评标准的第一步工作就是科学地划分企业内存在的不同工作内容的不同岗位,根据它们各自的特点分别制定不同的考评标准。例如,对销售人员的考评标准应包括其发展的客户数量,这些客户的消费水平,即销售人员对企业营业额的提高所做的贡献。企业应将销售人员每一次的销售业绩记录下来,作为日后进行奖励的依据。这对激励销售人员更加努力地工作、追求更高的目标有十分重要的意义,也是企业不断开源、取得经营成功的重要手段。服务人员的考评标准主要是服务态度是否令客户满意,是否按服务规程服务,服务消耗是否在规定的范围之内等。对于后台工作人员,则要考核他们是否按工作计划及时地完成了本职工作,以及是否遵守了各项纪律规定等。绩效考核指标设计是否准确具体,关键问题是需要考核者与员工、部门进行充分的沟通。如果考核部门在设定指标时未与部门进行充分沟通,考核过程中没有进行充分了解,那么考核结果就不能准确反映问题,起不到改进绩效的作用。

4. 考核标准的制定应体现在企业管理上

在制定考核标准时,应突出重点,体现企业策略、企业管理上所要强调的

着重点，将员工的行为引向企业管理者所希望的方向。例如，某企业管理人员认为前台工作人员在工作中最重要的是以良好的精神状态和诚恳的服务态度面对客户，则在制定考核标准时将构成良好服务态度的因素详细分解成考核标准，如个人卫生情况，穿着打扮、化妆情况，是否尊重客户，是否乐于为客户服务，语言技巧如何，言谈举止是否合于礼仪，服务速度是否合乎要求等。这些内容要在整个考评标准中占很重的分量，使员工意识到管理层对此的重视，这样才会使考评工作起到管理者所希望的作用。

5.要有确定的考核机制

考核不能随意进行。如果管理人员进行考核的时间不确定，考评工作就无法起到鞭策、激励员工的作用。因此，考评工作必须确定考核的机制，包括以下内容：

（1）考核的时间周期明确

如果考核时间间隔太长，考核容易着重于员工的最近表现，而忘却他们在整个时间段内的整体表现，间隔太短则容易使烦琐的考评工作成为例行公事。因此，应根据员工进企业工作时间的长短以及不同的工作性质和不同的考核内容来确定考核时间。娱乐企业员工的日常考核每月进行一次比较适宜，再配合进行半年考核、年终考核，会得到比较好的效果。

（2）进行考核的人员

考核不能由某个管理人员来进行，而应该由具有代表性的一组人员来进行，这样能够保证考核的公正性。通常这一组人中应包括被考核人员的直接上级，如组长、领班、部门的管理者（如部门经理），以及职工的代表等，考核结果还应通过更高管理层的审查。

（3）考核方法的确定

首先，确定考核的信息来源。如对员工工作表现的评价是来源于员工个人的总结，还是同事的评语，或来自客户的反映。其次，考核时由全体讨论评定还是制定表格计分，或是累计员工平日业绩，这些都必须事先确定，并让每一位员工明了。

6.考核必须与激励相结合

考核的目的是使好的工作态度、好的工作方法得到宣传和效仿，使不好的工作态度、不合乎要求的工作方法得到批评和修正。考核只是达到这一目的的手段之一，它必须辅以相应的奖励和惩罚才能产生效果，其中以激励效果更好。

二、激励机制

人力资源管理比较复杂，很多企业在管理过程中需要注重细节，将激励机制渗透其中，这可以调动员工工作的积极性，也是挽留优秀人才的一种途径。通过激励机制创造良性竞争环境，这对员工也有着积极的影响，使他们能够了解到激励机制对自身的影响，进而努力参与到相关管理工作中，并将自身的岗位职能作用发挥出来。

激励措施的应用应注意如下几个原则：

（一）奖励应与员工业绩紧密结合

奖励应与管理者所期望的员工业绩紧密结合，要通过奖励手段使员工尽最大的努力达到管理者的要求，在实现目标的前提下得到直观的收益。例如，某健身企业在对教练员的工作要求中强调结识新客户、留住老客户，并在接待中提升引导客人进一步消费的能力。于是，管理者将该部门的保本营业额、目标利润营业额分解给每位教练员，为每位接待人员设立专门账户记录他们每天的销售业绩，每月月底累计。销售业绩低于保本营业额者，只能得到维持基本生活水平的工资，营业额在保本额与目标利润营业额之间，则将超额部分的10%~20%作为奖金奖励该接待人员，当营业额超过目标利润营业额时，则将超额部分的30%~50%奖励该教练员。

（二）物质及精神激励相结合

对员工来说，物质利益是他们工作的主要目的之一，但绝不是唯一的目的，人们在工作中大多还是希望得到自我价值的肯定，获得成就感和自我实现感。由于行业发展规模扩大，内部人员数量变得越来越多，不同的人员有着各自不同的需求，企业各岗位人员的考核项目繁多，每项奖励都以物质的形式出现会使企业产生压力，奖励若比较丰厚，经营成本会过高，而奖励若偏微薄，则达不到激励的目的。因此，对单一对员工给予物质或者精神激励，并不能获得令人满意的管理效果，此时，还应当遵循物质与精神激励相结合的原则开展管理，奖励应该采用多种方法，除了发放奖金之外，还可以评选先进、授予荣誉称号、奖励带薪假期，以及考虑用企业股票奖励员工，使其成为公司的所有者——企业真正的主人，且将各级人员岗位职责的应有价值发挥出来。

（三）激励机制应建立在公平公正的原则上

企业管理人员要发挥岗位职能作用，确保薪酬分配方面的公平性与公正性，做到奖励水平与贡献程度相当，对员工的点滴进步要及时给予认可，要根据他们的实际工作情况给予科学合理的薪酬分配，根据员工的实际情况科学地给予激励，只有做到全面的公平公正，才能在内部形成良好的工作氛围，有效地发挥激励机制的作用。

（四）激励机制要具有持续性和动态性

当前时代背景对现代企业提出了更高的要求，为了保障各项工作顺利开展，要将激励机制渗透在人力资源管理中。同时也要确保该激励机制在实施过程中始终保持持续性，在实施激励机制的同时，要遵循持续性和动态性原则，只有这样，才能对内部人员起到有效激励。另外，要将激励机制与公司的生命周期紧密地联系在一起，避免出现激励机制流于形式等问题。

企业通过有效的激励，还可以提高企业运行效率和盈利能力，在变化莫测的市场竞争体系中长久发展。此外，企业在执行激励机制的同时，也要随着外部环境的变化对激励机制进行优化和调整，这样才能满足每个员工的实际需求。因为员工的工作会随时发生变化，所以企业应对激励机制的内容进行适当的调整，只有这样，才能保持整个机制的有效性，切实为后续管理工作提供便利。

第五节　企业的人才经营策略

从整体上来说，企业管理就是企业人、财、物的管理，其中对人的管理是最基本的。人有思想、有感情，具有巨大的能动性，人才是生产力发展的核心，企业只有拥有一批优秀的专业人才作为基础，才能为企业生产力的持续发展上升提供可持续的发展动力。同时，人才是推动企业发展创新的重要基础，企业生存和发展的关键是人才，人才的竞争是企业间竞争的焦点，企业要想不断提高核心竞争力,人才的经营与管理策略研究不容忽视。

随着我国社会经济形势的不断发展,就业机会增加,服务企业人员的流动率已提高,若不能按要求招募到相应素质、相应水平的工作人员,企业要树立和保持良好的企业形象是很难实现的。人才的流失,最终给企业带去的只会是不可弥补的损失。

一、人才流失给企业带来的不利影响

首先,人才流失会造成重置成本增加。企业为此类人员所做的内部和外部培训所支出的费用得不到回报,为了补偿职位空缺而招入新员工要花费一定的费用和时间,造成的隐形损失更加难以估计。其次,管理人员的离职,带给企业的是管理理念的中断、团队不稳,甚至是管理层的瘫痪;销售人员的离职,带给企业的是商业机密的外泄和市场份额的流失;专业技术人员的流失,企业将面临企业核心技术的流失。同时,人才流失到同行或竞争对手方面,对企业的危害更是不可估计。最后,人才流失会对企业的凝聚力和员工的士气造成消极影响。高人才流失率可能阻碍凝聚力的形成,对其他在岗人员的情绪及工作态度会产生消极的影响。

二、企业人才流失的主要原因

第一,企业不能提供合理的、有竞争力的薪酬,是企业人才流失的直接原因。当员工认为自身能力与薪酬水平明显不匹配时,员工自然会产生不公平感,就会选择离开,去薪酬更高的企业。第二,导致企业优秀员工离职的根本原因在于企业的管理问题,即企业的人才管理制度。主要表现为:未能建立针对核心员工的长期职业发展规划,未能建立有效的评估体系,缺乏合理的薪酬结构,员工激励机制不健全,以及企业文化氛围欠佳等。第三,企业人才对企业文化的认同度成为企业人才流失的关键因素。有的企业在讲文化的同时,把员工置于自己的对立面,不能将文化引导用于求同存异、共同发展,而是用文化来限制员工的自由,以企业文化的强势来压制员工的正当利益,从而导致企业人才的大量流失。第四,企业无效沟通管理是企业人才流失的原因之一。企业不能做到与企业人才的有效沟通,不能真实地了解人才的内心意愿。很多企业看不到企业和人才利益上的一

致性，不善于塑造企业和人才的共同愿景，不善于用企业事业发展的远景吸纳人才、激励人才、留住人才。

三、企业人才的经营策略

（一）内部营销，注重企业文化建设

企业相关部门及其管理人员应增强创新管理意识，为企业长足发展提供坚实有力的理论基础保障。内部营销的主要精神是：将人才和员工群体当作与外部顾客一样的市场，通过对这一市场进行企业及产品宣传、推销并配合使用各种激励手段，使他们理解、接受企业的形象、产品、经营宗旨，并为其所吸引，从而达到在竞争中获得且留住那些素质高而又具有经营意识的员工，并使他们达到并保持企业所需的工作状态的目的。文化是引领企业发展的航标，是稳定企业发展的支柱，是企业能够源源不断生产创造的活力源泉，注重企业文化建设，使企业具有良好的企业文化，不仅可以有效地激发全体员工的工作热情，增强其战斗力和凝聚力，而且能增强其对企业的认同感和归属感，使其更愿意为企业的新发展做出新贡献。

（二）注重人员双向管理

坚持"以人为本"的人才管理理念，做到充分信任和尊重员工，采取人性化、科学化的人才管理手段培养和管理员工，运用各种管理沟通技巧，建立和人才保持沟通的专门渠道，了解人才的意愿和需求。企业要经常性地对企业员工的工作状态进行调查和分析，了解人才对企业环境的满意程度，及时地发现和解决人才使用中存在的问题，使员工接受经营理念和工作氛围，融入团队，从而留住人才。

管理者通过与员工的交流可以得到更广泛的信息，还会发现意想不到的好意见和好建议。因此，管理人员在向员工下达企业的各种规章制度、工作计划、产品和服务特征、对顾客的承诺等信息的同时，要使员工有机会传达他们的要求、改进工作的意见以及他们发现的顾客需要，这就是双向沟通管理。

（三）工作中给予员工自我实现的机会

企业的服务工作确实需要管理者制定详细、严格的服务规程，但同时更需要

员工全面领会这些规定的精神，在不同的情况下或在遇到特殊情况时，发挥自己的主观能动性，为客人提供最适合需要又最合乎企业服务精神的创造性服务。若企业的管理人员将员工视为机器，一味地用严格的工作范围和工作程序限制员工，就会限制和扼杀员工个人创造力的发挥，以致把最有才能的员工"赶"出门外，去寻找更有吸引力的工作。因此，企业的领导人应懂得在原则规范的基础上，在员工的工作范围内、责任范围内适当地放权，以企业的精神、经营宗旨和原则为指导，以培养他们必要的技术和知识为保障，使员工在自己的岗位上能动地安排、处理好自己的分内事务，让他们在工作中有自我实现的感觉。这对于调动员工的积极性，激发他们对工作的兴趣，并愿意长期在同一个岗位做同一项工作是十分有益的。

（四）营造集体协作的氛围

企业的服务工作对单个员工来说是每日重复、十分单调的，而客人在这种消费中对服务的要求却特别高。要营造一种集体协作的气氛，让每一位员工都感觉到他们每个人的工作都是集体共同完成的大工作（使客户满意）中的一个小环节，所有的员工有一个共同的奋斗目标，为实现这个目标，同事之间彼此帮助、彼此支撑，形成命运共同体，受委屈时彼此理解、相互安慰。这样，员工就不会感到孤独，工作时就会有更大的动力。从心理学上讲，每个人都非常希望自己的思想和行为能够与群体一致，人们愿意共同奋斗，在群体的事业中表现自己，并发挥自己的创造力。为群体的事业作贡献，通常比个人独自奋斗取得成功更能使人产生高尚感和荣耀感。因此，通过各种方法，在员工中营造一种团结友爱、共苦共乐的集体气氛不仅是企业优质服务的关键，更是留住人才和减少人员流动不可忽视的重要方面。

（五）提供员工发展前途

一般来讲，工资、福利对员工来说是十分重要的，有时甚至是择业的首要条件和唯一条件。然而对于有技术专长、有较强能力的技术人才和管理人才来说，择业时还会着重考虑另外一个重要因素，那就是发展前途的问题，特别是在确定将某一工作当成长期奋斗的事业还是临时的过渡工作时，发展前途更是首要考虑因素。这种发展前途主要指两个方面：一是企业的发展前途，如企业在未来市场中所占的份额是否有增长的趋势，企业规模是否会不断扩大，企业经营者是否有远大的抱负等。二是对个人来说有无继续晋升的机会，企业能否为他们提供更充分的发挥能力或提升能力的深造机会。有的人只要能看到发展的希望，甚至愿意从很低的职位做起，通过自己的长期努力一步步达到自己能力所及的事业巅峰。企业应给予员工广阔的施展才华的舞台，建立员工职业发展体系，给员工晋升的机会，并针对员工个人及组织的发展需要，帮助员工制订职业发展规划、生涯规划。发展规划会使优秀人才的个人发展同企业的发展相一致，让人才与企业朝向共同的目标而努力。

（六）创造良好的工作环境

无论是工业企业，还是服务型企业，良好的工作环境对员工保持愉快的工作情绪和提高工作效率都起着重要作用。企业希望员工用自己愉快的情绪感染客户，使客户在健身场所中得到充分的快乐，这就特别需要为员工提供尽量好的工作环境，具体包括：

1. 干净的工作场地，明亮及合适的色彩

良好的采光及色调亮丽的环境会使人思维活跃，产生欢快、明朗的心情。

2. 设计科学的制服和着装规范

制服既是劳动保护用品，也是服务性企业特性的需要。它既方便客人识别，也是企业档次、经营者品位的体现；它既可以加深员工对企业经营意图的理解，也是员工职业自豪感的来源之一。

3. 合适的室温

为了使员工按要求穿制服上岗，工作场地应尽量保持相应的室温，否则就会出现员工不正规地减装或加装现象，影响企业形象。

4. 干净、安全、面积合适的更衣室

更衣室是重要的员工区域，员工每天要在此更换服装并存放私人物品，他们通常会很看重这一设施。更衣室要求干净、安全、面积合适，有恰当的室温，有分隔带锁的个人储物柜，这些细节往往会成为留住员工的重要因素。

5. 卫生、温馨并提供各种服务的员工活动区

条件的配备对员工来说是一种更具人情味的管理方式，是企业尊重员工、关心员工的具体体现。这对调动员工的积极性，使员工热爱企业，愿意长时间为企业效力具有重要作用。

（七）重视员工个人成长，加大培训力度

培训可以提升人才的忠诚度，有助于企业留住优秀人才。企业员工在获得培训机会后，会不断提升自身的专业素养，为更好地展现出个人价值创造有利条件。从这一角度而言，企业员工参与人才培训，不仅有利于企业的健康发展，也会使员工个体受益。员工在获得专业技能、提升综合素养后，也会获得更为广阔的晋升空间，使自身地位得到提升。实践表明，在这种良性诱导下，员工个体对该企业的忠诚度也会进一步提升，他们更倾向于留在企业中。

（八）优化激励机制和薪酬体系

中长期激励是企业留住核心员工的重要砝码，一般不轻易实行，但对于确实对企业有核心价值的员工，企业可建立和完善股权激励机制，并预留出一定比例股份专用于调动核心员工的积极性，使员工获得由自己努力工作带来的企业价值增值的收益，进一步激发其潜能和主动性、积极性，为企业发展注入长久的动力，从而形成一种良性循环。在人才激励管理方面，企业可以对全体员工使用绩效考核与评定的激励制度，确保人才管理工作的公平。

第四章　体育产品营销

满足市场需求、为顾客创造价值是创业成功的前提之一。在创业过程中要想赢得市场，需要具备两个能力：一是具备整合并发挥自己的优势资源（技术、资金、团队、社会资源等）的能力；二是具备发现新的市场需求，灵活运用营销策略的能力。体育创业者除了具备以上两种能力，还需要整合利用各类资源，高效管理稳健经营企业，保持企业的持续增长，以持续稳定的竞争优势赢得市场。创造客户价值是企业存在的根基，创业项目能够满足市场的哪些需求，能够为顾客提供哪些价值，是创业之初需要考虑的问题。

第一节　体育产品的市场营销

市场营销观念是企业在市场营销活动中遵循的指导思想与经营哲学。市场营销观念以顾客需求为营销的重点，以整体营销为手段，以通过顾客满意而获得长期利益为目的，既注重近期利润，又注重长期利益。市场营销是企业经营管理的纽带与桥梁，从企业竞争优势看，市场营销、内部管理、竞争战略、产品质量、技术水平等是影响企业生存能力的重要因素，其中市场营销的作用不可忽视，特别是对可重复消费的大众消费品而言，企业的营销策略直接影响企业的品牌度、美誉度与核心竞争力。

营销策略的选择成为产品发展中需要重视的内容。企业只有根据市场动态和需求不断调整营销策略，才能在激烈的市场竞争中占据一席之地。体育市场营销策略主要有市场定位策略、市场定时策略、市场进入策略、市场发展策略、市场竞争策略和市场营销组合策略。

体育营销的目的，即用满意的产品、适宜的价格，通过有效的分销渠道和促销方式来满足人们对体育产品的需要，实现自己的经营目标。

一、体育产业的市场营销特点

（一）体育市场的特点

体育产业的产品包括无形的体育健身服务和有形的体育物质产品。由于体育产品同样凝结着人类的劳动，所以在社会主义市场经济条件下体育健身产品可以成为商品并进行交换，实现其价值。体育产品交换活动的总和构筑了体育市场。我国体育市场的发展是与社会主义市场经济发展相适应的，体育市场既融于社会主义大市场之中，又是一个特殊的行业市场，其特点包括两个方面：一方面，体育市场主要是体育有形产品和体育服务产品的交换市场，体育市场的建立和发展不仅注重经济效益，还强调社会效益；另一方面，体育市场既包括固定型市场，如体育健身场馆设施、体育健身用品市场等，也包括流动型市场，如各种健身俱乐部提供的体育健身服务、体育健身旅游和体育健身广告经营等。

（二）体育产品的市场营销特点

体育产业包含有形产品和无形产品两种，不同的体育产品要选择相异的市场营销策略。对于体育有形产品，如运动服装、运动器材等，具有与其他社会有形产品相同的特征，因而其市场营销的方法也相同。但是，由于体育有形产品是人们参加各种体育活动必备的，其市场需求量也大。而且，体育有形产品的市场需求具有较大的周期性，即当某一运动项目在某地盛行时，该地区对此运动项目所用器材的需求量会显著增加；还有些体育有形产品的市场需求具有季节性特点。所以，体育有形产品的生产者只要善于掌握并抓住市场需求信息，运用一般的市场营销策略就可以做到适销对路。

体育无形产品市场是指以活动形式向体育消费者提供各种体育服务的市场。由于体育无形产品（服务）的生产在时间和空间上具有统一性，所以体育无形产品与体育有形产品的营销策略有很大的不同，具体差别如下：

1. 体育无形产品推销困难

体育无形产品的消费群体可分为欣赏型消费者和参与型消费者两种。由于消费者的购买动机和消费目的不同，加之各自需要和感知的服务质量有差异，所以增加了体育无形产品营销的难度。另外，体育无形产品没有自己独立存在的实物形式，难以展示，也不可能给出标准的样品，所以传统的推销方法对体育无形产品的营销没有价值。消费者购买体育无形产品前一般不能检查、比较或评价，只能凭借经验、品牌或宣传信息来购买。由于体育无形产品质量具有明显的不稳定性，因而时常会出现损害消费者利益的情况，使得消费群体很不稳定，增加了产品推销的难度。

2. 体育无形产品的消费对象复杂

在体育无形产品市场上，消费群体十分复杂，既有个人，也有家庭；既有生产企业，也有机关团体；既有中老年人，也有青少年。这些消费群体的购买目的不尽一致，有的是为了健身，有的是为了欣赏、娱乐，还有的是为了康复和保健。体育消费者受其家庭经济状况、职业与文化水平、个性与爱好、年龄与性别等因素影响，对体育无形产品有不同层次的需求。生产者不仅要考虑体育消费者消费需求的数量和质量，而且要考虑消费者在时间、个性以及其他方面的差异。体育无形产品的消费者在体育消费时经常与家庭成员、同事、朋友等进行沟通，倾听相关群体对某种体育产品的意见或看法，会直接或间接对消费行为产生影响，有时甚至是决定性影响。尽管体育产品生产者能认真分析和研究体育无形产品消费的特征及其影响消费者的各种因素，但是面对诸多的非可控影响因素，还是难以掌握体育无形产品营销的主动权。

3. 体育无形产品销售方式单一

体育无形产品的生产与消费在时空上的一致性（生产过程同时是消费过程）决定了它只能采取直接销售的方式，而不能通过中间商间接销售，也不能存储销售。这种单一的销售方式使体育无形产品的生产成本提高，经济效益下降。

二、体育市场营销策略

（一）市场定位策略

市场定位是指体育经营单位根据市场竞争状况和自身资源条件，建立和发展差异化竞争优势，使自己的产品在消费者中形成区别并优于竞争者产品的独特形象，这种独特形象可以是有形的，也可以是无形的。企业在分析了市场环境后，就应突出自身的市场优势，确立市场定位，即企业需要了解在某一细分市场上，消费者心目中所期望的最好的体育健身产品是什么，竞争对手所能提供同类产品的能力如何，假如消费者的期望尚未被满足，企业应考虑采取何种措施给予满足等。

（二）市场定时策略

市场定时策略是体育经营单位为了占领目标市场而选择最能发挥营销手段的有效作用时机所做出的决策。例如，选择什么时机让体育产品进入市场，什么时候发展新产品，新产品什么时候配合旧产品上市，什么时机最适宜扩大市场，什么时候退出市场等。体育市场定时策略的核心是把握最有利的市场时机，适时地把体育产品送到消费者手中，决策时间过早或过迟，都会使企业的市场营销活动陷于被动和不利的局面。影响体育健身产品进入市场的有利时机的因素主要包括市场需求和产品特征两个方面。

1. 市场需求

市场需求是指消费者对有能力购买并且愿意购买的某个具体产品的欲望，它在市场购买行为研究中具有十分重要的地位。一般来说，市场需求有以下四个特点：

（1）消费需求的多样性

由于消费者的年龄、性别、职业、文化程度、收入水平、民族和生活习惯的不同，自然会有各种各样的爱好和兴趣，对消费品的需求也是千差万别。

（2）消费需求的发展和时代性

随着社会的发展和消费者个人收入的增加，人们对商品和服务的需要也在不断地发展，对于体育用品，特别是体育健身类产品，过去都认为是体委和学校体育健身部门的专利用品，但随着人民生活水平的提高，人们开始注重对健康和美的追求，对体育产品的需求也急剧上升。目前，京、沪、粤等地家庭健身器材的销售数量就可反映出人们需求的这种发展和时代性。

（3）消费需求的层次性

人们的需求是有层次的，一般来说，总是先满足最基本的生活消费（生理需要），即满足"生存资料"的需要，然后再满足社会交往需要和精神生活需要，即满足"享受资料"和"发展资料"的需要。也就是说，消费需求是逐层上升的，首先是低层次的需要，然后再满足较高层次的需要。随着生产的发展和消费水平的提高，以及社会活动范围的扩大，人们消费需求的层次必然逐步向上跃升，由低层次向高层次倾斜，购买的商品越来越多地满足社会性和精神性要求。

（4）消费需求的可诱导性

消费需求是可以引导和调节的。也就是说，通过企业的营销活动，特别是大众传播媒介的推波助澜，人们的消费需求可以发生变化和转移，即潜在的欲望可以变为明确的行动，未来的需求可以变成现实的消费。例如，许多小型家庭健身器材产品就是在电视、广告的大力宣传下，使大众受到潜移默化的影响，从而产生强烈的购买冲动。

2. 产品特性

进入市场的有利时机还应注重体育产品特性，具体内容包括：

第一，体育新产品进入市场以填补市场需求空白的时机，宜尽早尽快地进入市场。先入为主，抢先导入市场是这类产品应采用的策略。

第二，以换代的新的体育产品进入市场取代老的产品，进入市场的时机要适合。应在老产品处于销售旺季时导入换代产品，这样可以使老产品有较多的收益，以此补偿新产品投入市场时可能产生的亏损。同时，由于新产品投入时的数量较少，也不会过于影响老产品的销售量。

第三，发展体育系列产品或变型体育产品的时机，最好是当体育产品在市场上进入成熟期时导入系列新产品或变型新产品。这是因为产品在成熟期用户最多，需求的差异性表现明显，在这个时期推出新产品，可以提高体育产品满足用户需求特点的适应性。

第四，同类体育产品加入市场竞争的时机，通常是在竞争对手的体育产品进入成长期时迅速跟进市场。这样既可利用竞争对手开拓新产品的市场成果，又能使自己的产品有充分发挥的空间。

（三）市场进入策略

市场进入策略是体育企业在合适的时机占领目标市场时，如何相应地在生产能力和销售能力两方面做出可靠的措施和保证，以保证体育产品顺利地进入市场的决策。其内容主要包括生产能力决策和销售能力决策两个方面。

1. 生产能力决策

在必要的时间内,体育经营单位形成进占目标市场的生产能力是实现占领市场目标的重要条件之一。无论是体育的有形产品,还是无形产品,一般都有两种可供选择的策略。

(1) 独立发展策略

独立发展策略是指无论是发展体育有形产品的企业,还是发展体育无形产品的企业(如俱乐部经营的竞赛、表演、竞技咨询、球员转会、竞技培训、广告彩票等),都完全靠自身的力量去扩大生产规模,增强综合生产能力或调整企业内部的综合生产能力结构,以适应产品组合结构的要求。采用独立发展策略形成的产品生产能力,企业容易掌握和控制,通常也能保证其经济效益。但是,扩大或发展生产能力所需的时间一般都较长,必须提前列入企业的战略发展计划,否则很可能贻误进占市场的时机。

(2) 综合发展策略

综合发展策略主要是依赖体育经营单位外部的力量,即通过联合、协作、分包等方式形成新的综合生产能力。采取综合发展策略,很可能在较短的时间内形成新的综合生产能力,争取到占领市场的有利时机。但是,由于多方参与,在计划、控制、协调等方面都增加了难度。因此,体育经营单位必须善于优选合作者,处理好各个协作方面的责、权、利,以保持良好的合作关系。进行生产能力决策时,体育经营单位应从市场需求的紧迫程度、体育产品需求的发展趋势、自身生产能力结构状况和财务状况、体育市场竞争情况、联合和协调的可能性及体育经营单位的短期与长期目标等因素和方面综合考虑,进行优选方案。

2. 销售能力决策

某一体育产品要进入和占领市场,生产企业必须具有必要的销售能力和渗透市场的能力。销售能力决策主要考虑流通渠道和销售方式等问题,在制定决策时应考虑产品、市场、企业、社会环境及经济效果等因素。一般可供选择的方式有以下四种:

第一,工商合作。同商业部门(中间商)建立良好的固定经济关系,采用多种方式合作,如经销、代销、联销等。在体育健身器材和服装企业中,有些集团

（公司）就是按照这种方式销售体育产品的。

第二，为了迅速打开市场局面，对升级换代较快的体育产品宜采取与中间商联营的方式。例如，运动服装类产品随着款式、面料的不断更新，发展速度较快，企业通过与各地中间商联营，能有规模、快速地占领市场。

第三，对于生命周期较短的体育产品（包括体育无形产品），应该各种方式和手段协同并用，如广告、各种优惠政策、推广促销等，采取快速进入战略。对于生命周期较长的体育产品，企业一般要考虑获得长期稳定的销售额，拟占领目标市场，可选择缓慢地进入市场策略，其产品是通过消费者逐步熟悉和适应，缓慢而稳定地增加销售额。

第四，新企业的产品，如果企业的实力不够，可以找一个中间商合作，先用中间商的产品品牌进行销售，待打开了局面，取得一定的市场占有率以后，再以自己的品牌销售。

（四）市场发展策略

市场发展策略是指根据市场前景选择市场发展手段，通常包括密集型发展和多样型发展两种主要形式。

1. 密集型发展

当某种体育产品的市场具有进一步发展的潜力时，可选择市场渗透、产品发展和市场发展三种密集型发展形式。无论是体育有形产品市场，还是无形产品市场，都普遍存在密集型发展形势。市场渗透是在已有市场规模的基础上，增加现有产品销售额。产品发展是通过发展和改进现有产品，使其具有某些新的性能和用途，满足更多的社会需求。市场发展是指开拓新的企业产品销售市场，以增加销售量。

2. 多样型发展

多样型发展也称为分散型发展，主要有同心型分散、水平型分散和整体型分散三种发展形式。

（1）同心型分散发展

同心型分散发展是体育企业利用原有的技术和特点，以其为核心，发展用途不同却结构相似的产品。例如，生产运动系列服装的一个体育公司（集团），以自己的生产技术优势和特点，生产系列休闲服装。又如，某职业篮球俱乐部利用其技术优势,开展"篮球夏令营"培养和辅导青少年篮球爱好者,提高他们的篮球技能。

(2)水平型分散发展

水平型分散发展是企业利用原有的市场优势,在已占领的市场上发展技术、性质及用途完全不同的产品。例如,体育俱乐部的决策者利用自身或球员的社会知名度去参与商品的推销宣传活动,以获得丰厚的利润。

(3)整体型分散发展

整体型分散发展是指体育企业将业务扩展到与其原来业务、技术、市场和产品毫无联系的行业中去。如由体育部门建设或开办的从事餐饮和服务的宾馆、酒店、娱乐城、收费停车场等,就是整体型分散发展的形式。实行分散型的发展,可以提升体育经营单位适应环境的能力,减少单一经营的风险。同时,可以更充分地利用企业内部的各种资源,获得更大可能的发展机会。但是,分散型发展往往会使经营管理复杂化,出现经营单位资源分散等问题。

(五)市场竞争策略

市场发展的规律就是优胜劣汰,其显著特征就是竞争,竞争能够促进企业的经济发展和经济效益的提高。企业应该树立明确的竞争观念,灵活运用价格和非价格的竞争手段,采取人无我有、人有我好、人好我新、人新我廉、人廉我优的原则和方法。制定企业的竞争策略,必须对竞争环境和竞争形势做到心中有数,才能得心应手。企业竞争的环境因素主要是指除一般社会及文化环境以外的企业受到的各方面压力因素,一个企业通常都存在来自多个方面的竞争压力,即同行业中竞争对手的压力,如潜在的可能加入的同行业对手的压力、供应厂商向前发展的压力(由提供原材料或半成品,发展成自己生产产品)、购买者的压力、代用品生产者的压力。在不同的时间、地点和条件下,企业面临的竞争压力是不同的,分析竞争压力的目的是了解每种竞争力量的势态,从而制定有效的竞争策略。通常情况下,体育经营单位的竞争策略在总体上有低成本策略、产品差异化策略和密集性策略。

1. 低成本策略

低成本策略是指在保证产品和服务质量的前提下,努力降低产品生产和销售成本,从而使本企业的产品价格低于竞争者的价格,以迅速增加销售量,提高市场占有率。

2. 产品差异化策略

产品差异化策略是指创建本企业产品的独有特性，大力发展别具一格的产品或营销项目，以争取在产品或服务等方面比竞争者有独到之处，从而取得差异优势。

3. 密集性策略

密集性策略是指企业集中力量为某一个或几个细分市场提供有效的服务，更好地满足顾客的特殊需要，从而争取局部的竞争优势。

上述三种总体竞争策略是有差别的，成功地实施这三种策略需要不同的资源与决策，组织管理上也应有不同的要求。以上所说的是总体市场竞争策略，在具体的竞争中还要进一步结合企业产品的市场占有率情况，分别采取相应的具体策略。

目前，我国体育产品市场同时存在不同规模、不同档次和地位的企业。它们追求的战略目标是各不相同的，因而采用的竞争策略也各不相同。按照市场占有份额的大小，可以把这些体育经营单位划分为不同的类别，分别采用不同的竞争策略。

一是市场主导者竞争策略。市场主导者是指相关产品的市场占有率最高的企业。它在价格变动、新产品开发、销售渠道的宽度和促销力量等方面处于主导地位，为同业所公认。它是市场竞争的导向者，也是其他企业挑战、效仿或回避的对象。处于市场主导地位的企业为了维护自己的竞争优势和主导地位，必须保持高度警惕并采取适当的竞争战术，否则就可能失去主导地位。具体可采取扩大市场需求总量、保护市场占有份额、提高市场占有率等措施，以维护其市场主导地位。

二是市场挑战者竞争策略。市场挑战者是指那些在市场上处于次要地位的企业。市场挑战者选择挑战对象与战略目标密切相关，对不同的对象有不同的目标与策略。采取的策略有正面进攻、侧翼进攻、围堵进攻、迂回进攻、游击进攻等。

三是市场追随者竞争策略。市场追随者是指处于次要地位，在"市场共处"的状态下求得尽可能多的效益的企业。市场追随者因不需要大量资金，风险性小，也可获得很高的利润，因此许多企业采用这种战略。市场追随者竞争策略一般有紧密追随、有距离追随、有选择追随三种。

（六）市场营销组合策略

市场营销组合是指体育经营单位为满足实施市场营销战略的需要，综合运用各种可能的营销策略和手段，组合成一个系统化的整体策略，以达到企业市场营销战略目标。市场营销组合是以系统科学思想为指导的市场营销要素的有机组合，它在整个市场营销战略中占有十分重要的位置。

市场营销组合的要素归纳起来包括四个方面：促销（Promotion）、产品（Product）、价格（Price）、渠道（Place）。由于上述四个单词开头第一个英文字母都是"P"，因此关于它们的相关理论又被称为4P理论。4P营销理论（The Marketing Theory of 4Ps）产生于20世纪60年代的美国，是随着营销组合理论的提出而出现的。其理论思想是在市场营销活动中，企业营销效益的优劣主要取决于市场营销组合整体策略的优劣，而不是单一策略的优劣，并且企业在市场上的竞争地位和经营特色也是通过市场营销组合的整体特点体现的。要对四个因素加以科学合理的组合，如果某一策略组合或运用不当，就可能使营销失败。

20世纪80年代，根据市场营销实践发展，美国学者菲利普·科特勒将"4P"扩充，在"4P"的基础上又提出了政治力量（political power）和公共关系（public relations）两方面策略。其核心思想是，企业要想成功地进入某一特定市场，并在那里从事营销活动，单靠传统的市场营销"4P"已很难奏效，必须同时使用经济的、政治的、心理的以及公共关系手段，以取得一个地区各方面的支持和合作，从而有效地推销产品。这一观点给企业市场营销以新的启示，向环境因素不可控制的理论发起了挑战，强调了企业自身的能动性，并且强化了市场营销的功能，扩大了市场营销活动的范畴。

体育有形产品市场与体育无形产品市场的营销规划的步骤与方法基本是一致的，但这两类市场营销组合的要素不尽相同。体育有形产品市场的营销组合与一般市场的营销组合是一致的。体育无形产品的营销组合要素较为复杂，体现了产品的多样性特征，如竞赛表演、技术咨询、技术培训、健身辅导等。体育无形产品，其市场营销组合"4P"理论增加了人（Person）、有形展示（Physical evidence）、过程（Process），即"7P"。"7P"理论对体育无形产品的营销组合具有现实指导意义。从总体上来看，4P侧重于早期营销对产品的关注，是实物营销的基础，而7P则侧重于后来所提倡的服务营销对除了产品之外服务的关注,是服务营销的基础。

按照"7P"理论,在制定体育无形产品的市场营销组合时,我们要注意的问题有以下几点:

1. 产品

体育无形产品应重点考虑其劳务产品的特点、性质、水平、范围及相应的售后服务等。体育服务产品中这些要素的组合通常变化较大,要根据企业状况和市场需求,优化产品要素组合。

2. 定价

一般来说,物质消费品的生产、交换和消费在时间和空间上是分开的,而体育服务的生产和消费是在同一时间、同一地点进行的,因此制定体育服务市场的价格不像体育用品价格那样相对简单。从目前我国这类体育服务市场的价格行情来看,基本上是受消费者的需求、观念、经济承受能力和赞助商的利益等因素影响决定的。

3. 渠道

渠道指体育产品由生产者到达消费者所经过的途径和方式,不仅包括现场的同时生产和同时消费,如一场精彩的足球赛,生产者和消费者都在同一时间、同一地点、同一空间完成。此外,还包括采用其他媒体传播消费,如电视、报纸、广播等新闻媒体的传播。

4. 促销

体育产品的促销有人员推销、选择广告促销、销售促进和其他宣传形式,如新闻发布会、讲座等各种方式,以及公关等间接的沟通形式。

5. 人

体育产品的营销组合除了人员推销这种单一方式,还应考虑那些从事体育产品生产和操作的人,如比赛的运动员、健身的指导员等,他们的运动技能和健身方法在消费者心目中就是体育产品的一部分。有不少体育俱乐部成员同时担任体育表演、健身指导和销售的双重角色,如教练兼运动员、健身指导和健身销售等。此外,消费者对体育产品质量的认知和评价很可能会影响其他消费者。例如,经常去某健身房的练习者,他们对俱乐部的看法很可能会影响同一社区其他人参与俱乐部活动的积极性。

6. 有形展示

体育无形产品、公司及其市场的有形展示可以通过不同的途径开展。例如，照片、报纸、声像器材等展示产品；市场实体环境，包括结构、装潢、色彩、陈列、声音和其他一些标志性线索等。

7. 过程

在体育无形产品市场中，由于生产和消费是同时发生，其产品无法像一般产品那样能够质检出优劣、合格与不合格，并剔除不合格产品。因此，体育无形产品市场应高度注意体育产品的生产与消费的过程。例如，在足球甲级职业联赛中，运动员、教练员、裁判员和消费者的活动就成为球市过程的最活跃因素。因此，运动员、教练员、裁判员的敬业精神、职业道德，以及对消费者的引导和管理，就是构成高质量产品的重要因素。

体育市场营销组合是为了使经营管理者控制组合中所有变量条件并使之系统化。体育无形产品市场营销组合的形成过程与体育有形产品市场的形态基本相似，其过程主要是将产品分解成部分或细节组合和将各细节组合调整成为营销组合。体育产品的营销组合应随变动着的体育市场状况和需求水平不断修正和调整其构成要素。

随着市场营销实践的发展，又出现"10P"理论、"4P+3R"理论、4C 理论等，相关理论增加了产品服务、消费者因素，在此不详述。

三、体育产品生命周期各阶段的营销策略

体育产品的"生命"分为"自然生命"和"市场生命"。产品的自然生命是指一件产品使用的时间，由使用到报废的过程，如运动鞋穿坏了，体育器材报废了，等等。产品的市场生命是产品从进入市场到被淘汰为止，均有一个投入、成长、成熟到衰落的过程，这一发展过程被称为产品的生命周期，又被称为产品的市场寿命。

产品的生命周期是研究产品在市场上的演变，说明一种产品的销售量和利润边际在整个周期内可能变化的特殊性。产品的生命周期一般受产品的性质和用途、消费行为、民族习俗、消费能力、科技进步、市场产品竞争等因素影响，大致经历四个阶段。

投入期也称为引入期,是指产品研制成型并投入市场试销阶段。这时消费者对于这种刚投放市场的产品尚不了解,缺乏信任感,产品销量不大,需要一个市场培育的过程,因此销售额根据市场需求变化增长缓慢。这个时期企业营销策略的重点是迅速加大产品的宣传和推销力度,扩大市场影响,为消费者所接受,为进入成长期打下基础。

成长期指产品得到消费者认同,市场需求量增加,企业开始批量生产,成本降低,利润也随之上升。此时企业要抓住有利时机,扩大市场份额,进而占领市场。

成熟期是体育产品销量增长较缓慢的阶段。这时产品已被大多数消费者采用,潜在购买力不大,市场需求量逐渐趋于饱和,加上同类产品纷纷进入市场争夺有限的市场份额,产品销售增幅稳中有降。这时生产企业可选择防守策略,即通过优惠价格,提高服务水平,保持和巩固现有市场。对于无力竞争的企业选择撤退策略,即提前淘汰产品,积极开发新产品,开拓新市场;对于实力雄厚的企业,则应选择进攻策略,击败对手,继续扩大市场。

衰退期是产品销售量与利润急剧下降的阶段。由于消费者需求和鉴赏水平的提高以及科技的进步,性能、造型或服务更好的产品出现,老产品失去竞争力,最终被淘汰出市场。对产品生命周期四个阶段划分仅是从理论上就一般性发展规律的探索。事实上,消费市场有许多不可知因素,并不是所有的产品都要经历这一过程,有时新产品也逃不掉失败的命运,有些并不是因为产品自身的不足和缺陷,而是因为决策者没有把握有利时机。例如,保龄球是一项时尚的休闲运动,在中国推出时,一下子就火爆起来,于是,许多经营者跟进。当球馆多了起来,很多人都加入这一消费行列时,保龄球开始失去其追求时尚的价值,于是失去了消费群体的支撑。无论是体育产品的生产企业,还是体育服务的经营者,了解产品生命周期理论对指导生产和经营决策无疑都有很大帮助。特别是体育无形产品,以其自身的服务完成以及产品的生产与消费过程实现其价值。因此,体育的无形产品无法存储和保留,维系产品生命周期必须依靠良好的服务和信誉,建立起一个长期而稳定的消费群体。

从这个意义上说,开发体育无形产品——体育服务,在选择经营项目和经营方式上必须经过认真的论证。这种经营活动受文化、风俗、社会心理、消费能力等方面不可知因素影响，其经营活动的生命周期也会因为市场开发和市场培育以及经营状况而长短不一。那么，面对市场变化的风险，如何组织生产和经营呢？

（一）投入期的营销策略

投入期企业营销策略的重点是迅速进入并占领市场，使体育产品尽快地被消费者所接受，为进入成长期打下基础。主要策略有以下四种：

1. 高价高促销策略

此策略是一方面采用较高的商品定价，另一方面支付较高的广告宣传费用，使用户迅速对产品熟悉了解，快速打开销路，占领市场。

2. 高价低促销策略

此策略是以高价格、低促销费用来推出新的体育产品。通过两者结合，以求从市场上获取较高的利润。采用这种策略的市场环境必须是市场容量较小，竞争潜在威胁不大，不需要抢占市场，产品确属名优新特，需求者愿出高价等。

3. 低价高促销策略

即以低价格、高促销费用来大力推出体育新产品。这种策略可使产品以最快的速度进入市场，使企业获得最大的市场占有率。这种策略的条件是市场容量相当大，需求价格弹性较大，消费者对此产品还不太熟悉，潜在竞争较激烈等。

4. 低价低促销策略

即以低价格、低促销费用推出体育新产品。低价格可使市场易于接受新产品，低促销是为了尽可能降低成本，多获取利润。此策略的市场条件是市场容量大，消费者对价格敏感，对产品已较熟悉，有很多潜在竞争者等。

（二）成长期的营销策略

此阶段的产品基本定型且大批量生产，成本下降。企业要抓住市场机会，迅速占领市场，根据各自的竞争能力一般可采取五种具体策略：

1. 提高体育产品质量

从体育产品质量、性能、技术、品种、形式等方面努力加以改进，以提高体育产品的市场声誉，力创名牌产品。

2. 开拓新市场

随着体育产品销售量的增加和竞争的激烈化，企业应进一步细分市场，选择新的目标市场，发展新用户，扩大销售量。

3. 树立体育产品或企业产品形象

广告策略由提高体育产品知名度逐渐向树立企业产品形象转变，大力宣传体育产品特色，使消费者对企业产生信任感。

4. 增强销售渠道功效

增设中间代理机构，随时关注新的流通渠道，以获得更多的产品推销机会，同时做好售后服务工作。

5. 选择适当的时机降低体育产品价格

这一策略既可以吸引更多的消费者，又可以打击竞争者。我国不少知名的体育用品企业，如李宁、康威等在其产品成长期都选择了这个策略。

（三）成熟期的营销策略

此阶段的市场竞争较为激烈，销售量虽有增长，但已接近或达到饱和状态，这时的经营情况较复杂。一般来说，实力不太雄厚或产品优势不大的企业，可选择防守策略，即通过实行优惠价格，提高服务水平，尽量保持和巩固现有市场。

（四）衰退期的营销策略

产品衰退期的策略主要有以下三种：

1. 收缩策略

即缩短战线，把资源集中使用在最有利的细分市场，尽可能多地获取利润。

2. 持续策略

在衰退期，那些生产成本较低的企业可继续保持原有的细分市场，沿用过去的营销策略，将销售量维持在一定的水平，待到时机合适，再退出市场。

3. 更新换代

开发新产品，淘汰老产品，实现产品的更新换代。

四、体育市场营销策划

体育市场营销策划，是体育市场经济运行过程中必不可少的工作；是以市场为导向，以体育消费者为中心，按照科学性与艺术性相结合的原则，制定体育市场营销策划决策。战略是指对事物全局性、深远性的谋划。没有战略引领的策略是没有意义的。战略决定策略，策略为战略服务。只有科学把握战略与策略的辩证关系，才能在战略与策略的有机统一中实现自身的目标任务。

体育产品市场营销战略是指体育经营单位在现代市场营销观念的指导下，为实现其经营目标，通过对环境与现状的分析，在市场细分的基础上，确定营销目标，对营销诸要素进行最佳组合，并制定出实现此目标的长期方针和策略。在市场竞争日益激烈的情况下，体育经营单位为了有效地开展经营活动，实现其经营目标，必须了解和掌握市场营销的观念及战略特点，针对目标市场的需求，全面分析和考虑市场营销的各种环境因素，选择有效的市场营销策略，以及有效地管理各项市场营销活动和体育市场营销战略策划，战略发展涉及企业全局性、长远性和根本性问题。体育市场营销策划分为以下四个步骤：

（一）制定体育市场营销战略

体育市场营销战略是由战略构成和战略管理共同组成的。营销战略构成包括营销战略指导思想、战略目标、战略阶段和战略对策组合；营销战略管理包括战略制定、战略执行、战略控制和战略修订。

1. 体育市场营销战略制定的指导思想

战略指导思想是战略的灵魂，是确定战略目标、战略阶段、战略重点、战略对策的纲领。体育市场营销战略指导思想应该是在国家经济法规的指导下，按照体育产业发展的客观规律，以合理、先进的营销组合策略促进体育产品（或劳务）开发、生产和销售，用以满足人们不断增长的体育产品（或劳务）需求。当然，体育市场营销战略指导思想不是一成不变的，它是随着国际、国内社会政治经济文化发展状况，社会对体育产品消费的现实与潜力，以及人们对体育产品（或劳务）消费的认同程度而发生阶段性变化的。体育市场营销战略指导思想还需要遵守的一条准则是，不同企业或同一企业在不同时期，其战略思想不能宏观化而必须具体化。

2. 体育市场营销战略制定的目标

制定体育市场营销战略目标的目的是开拓市场，提高利润。因此，制定战略目标必须遵循先进性与可靠性相统一的原则、宏观性与具体性相结合的原则、可操作性与实践性相一致的原则。

战略目标可归纳为以下四个方面：

（1）体育市场开拓目标

从宏观上讲，主要包括体育有形产品和无形产品市场、主体产品和相关产品市场的开发拓展目标。具体的体育产品营销的市场开拓目标，只能是本产品的可能开发目标。

（2）体育产品利润目标

产品利润目标一般包括三个，即最小利润、一般利润和最大利润目标。而战略利润目标，一般是在保证最低利润的前提下，追求最高利润目标。

（3）销售增长率目标

销售增长率目标是依据产品的生命周期确定的，包括初增长期、高峰期和萎缩期。不同时期应制定不同的增减率。

（4）市场占有率目标

根据不同产品的特质确定产品的市场占有份额。

3. 体育市场营销战略方案的选择

选择战略方案，要有两个前提：

一是可行性论证：对备选方案的可行性进行详细的、科学的论证，选择最可靠的实施方案。

二是拟定战略备选方案：制定备选方案是一项重要而复杂的工作，必须组织力量认真地进行战略环境调研，收集经济情报，对各个营销环节做出具体的决策。

4. 体育市场相关营销战略运用

（1）稳定战略（又称为防御型战略）

通常是在体育市场发展受挫、市场环境对企业不利或企业实力较弱时采用此战略，以保持原有经营水平或略微增长。稳定战略可分为积极防御和消极防御两种。前者为积蓄力量待机再发；后者则为回避市场竞争，以保现状。

（2）发展战略

发展战略是指企业在现有的市场基础上，开发新的目标市场。一般多以开发新产品占领市场或通过多头经营扩大市场。

（3）收割战略

收割战略是指企业在产品处于衰退期，开发新产品的同时，保留生产少数老产品供应用户，获取边际利润的一种战略。

（4）撤退战略

撤退战略是指企业产品销路不好时采用的退出市场的战略。撤退战略分为暂时性撤退和转移性撤退。暂时性撤退指在产品销路不佳时，暂停生产销售，待市场的经济回升后再生产。转移性撤退即将产品从甲地转移到乙地去寻找好市场，或将甲产品转换生产乙产品占领原有的地域市场。

（二）体育市场营销策划

体育市场营销策划是市场营销策划的一个重要分支，体育市场营销策划既要遵循一般市场营销策划的常识性规范，又要充分认识体育产业特殊的社会属性。由于体育产业及产品和劳务的特定内涵，体育市场营销策划有别于一般的营销策划，需要从体育产业的特质出发进行营销策划。体育市场营销策划要深入研究体育产业的两个产品（有形产品和无形产品），主导体育产品的两种属性（经营性和公益性）和两次产出（专业成果产出和专业成果开发）的产业构成形态，在此前提下，理性地分析体育市场潜力、体育市场规模和体育产品的市场占有份额，才能对体育市场营销活动与营销目的、社会供求活动与供求目的做出正确的反映。

体育市场营销策划是在研究企业的外部环境（政治、经济、市场）和内部条件的同时，根据目标消费者的需求及其变化趋势，针对现实的竞争者经营战略和潜在的竞争因素，做出针对体育产品开发和打入目标市场的战略策划。

综合分析是建立在对市场、公共关系、市场状况、企业环境和企业自身条件的调查、分析与预测的基础上，是体育市场营销策划的根本依据和背景，是确立营销观念、统一企业内部思想、改变经营策略的基础。因此，综合分析必须准确选择调查对象和把握信息来源。

1. 市场公共关系分析

市场公共关系涉及面很宽广。一般市场公共关系分析都应包括与顾客、中间商、竞争对手、传播媒体、政府及职能部门等重要关系程度的分析。而体育有形产品和无形产品营销涉及的公共关系与一般产品涉及的公共关系是有一定区别的。例如，体育无形产品包含的无形资产主要是属于权力型无形资产，大多积聚在上层和体育健身部门。对于这类产品的营销，还要重点调查政府、职能部门、中间商等公共关系。调查分析的内容主要有：与企业的关系现状和发展态势的可变度、支持度以及对企业知名度和定位的评价等。

2. 市场状况分析

营销市场主要由个人市场、团体市场、国内市场和国际市场组成。对市场状况进行分析，一般是在掌握这些市场特点的前提下，对影响进入这些市场的因素的分析。主要有对地域经济现状与发展的可变度分析、对目标消费者层次及满意度需求趋势的分析、对竞争对手营销策略和可能的市场占有率的分析，以及对销售（产品、价值、渠道、促销）因素的分析等。

3. 企业环境分析

企业环境分析是指与体育产品关系密切的社会、政治、人口、经济、文化、科技、自然及国外市场等环境。社会环境，即社会的安定现状、社会的治理、法治程度和国家行政机制等；政治，即国家的政治体制、国家的意志与主张（政治观念）；经济，即国家经济体制、经济政策、国内生产总值增长幅度、国民的个人收入状况以及地域经济模式和消费水平；文化，即民族文化（风俗习惯）、社会文化及其他文化素养程度（消费观念等）；科技，即现代科学技术在产品和社会中的运用程度；自然环境，即指产品对大自然的影响效应，以及自然环境对体育产品营销可持续发展的价值利用；国外市场环境，这里既包括国际上的市场，也包括外国在国内的市场，都对本国的体育市场有重大的影响。以上诸环境条件严格地制约着体育产业的发展和产品的营销。

4. 企业自身分析

对企业自身进行科学的分析非常重要。对企业本身不能客观地把握，就不可能有科学的、有创意的营销策划。对企业自身进行分析，一般包括企业无形资产的评估，品牌、名牌的商业形象，企业的科技实力（科研水平、科研经费投入、科研手段等），队伍组合，设备力量，企业文化，企业营销观念，营销手段、方法和营销的现实状况，还包括企业与竞争对手的全面比较，并准确地找出自身的优势与劣势。

（三）体育营销策划的实施与运用

年度整体营销策划，是依据体育产业的特点，以综合报告分析为基础，旨在指导企业全面协调、科学运作并获得最高效益的可操作性方案，也是对企业的产品变为商品的全过程的策划。

年度整体营销，是指一个经济核算年间的各种营销因素和促销策略的组合协调运用，通过全面规划和计划企业促销工作，达到营销的预期目标。整体营销策划是现代企业营销的重要手段，也是很难调适和掌握的一门经济技术。体育健身市场营销策略水平如何，直接关系着企业经营活动的成败。其作用在于：

第一，确立企业的现代营销观念，实现企业销售目标的最大追求。

第二，通过科学的论证，为经营者和购买者清除心理风险障碍提供了理论与实践依据，从而树立起产品的生产销售信心和认购产品无风险信心，为产品的生产和销售铺平道路。

第三，按规划有计划地营销，能给企业带来产品的市场占领主动权，并使企业走上成功之路。

年度整体营销方案是企业用于规划和计划营销的实施方案，其方案的策划内容主要包括以下方面：

1. 营销目标策划

这里的目标，实际上指的是企业的形象目标和利润目标及其定位。策划该目标的目的，在于强化企业文化意识和市场意识。营销目标策划是要对企业及产品形象、竞争目标、顾客目标和销售目标实施科学的、实事求是的目标定位。

（1）企业形象及产品目标

对企业和产品定位，即指企业对自身形象识别系统进行标准化、个性化和整体化的设计，以达到两个目标：一是实现全面改善企业素质，提升企业形象能力和形象战略；二是向市场表明和传播对企业的识别，从而达到企业及产品形象在市场上的定位。具体地讲，企业及产品定位包含：理念识别，如企业哲学、价值观念、伦理道德、经营宗旨和精神文化等；行为识别，如企业的技术、管理、营销、公关、服务行为等；视觉识别，如由标准字体、标准色、标志、象征图案等要素构成的企业组合标志，国际奥运标志"五环旗"就向全世界传递了这一体育盛事的宗旨。

（2）市场竞争目标

市场竞争目标是指企业产品在市场中占有的份额以及排列的位置，并将为实现"占有份额"和"占有位置"做出具体的策划。"占有份额"，即在同类产品中的市场销售比例;"占有位置",即企业及产品的竞争知名度和形象在消费顾客中的评比结果。

(3) 心理目标

心理风险往往是实现营销目标的最大障碍之一,产销之间,也就是在企业与顾客之间建立起无风险意识是至关重要的。衡量商品好坏一般有三把尺子:一是有无经济风险;二是有无健康生理风险;三是有无精神心理风险。策划此目标时,要依据可能出现的心理风险障碍,着重加强产品的质量、功能、寿命、安全、价格、价值、服务信誉的宣传,彻底消除风险意识,倡导树立使用本企业产品的消费新观念。

(4) 年度销售目标

年度销售目标包含优秀中间商覆盖率目标、零售覆盖率目标、市场占领目标、本年度最低销售目标等。

(5) 利润目标

利润目标是任何企业为之奋斗的经济动力,是企业赖以生存和扩大再生产的经济杠杆,也是营销策划的出发点和归宿。利润目标一般分为最低目标和最高目标,最低利润目标是年度销售的最低目标乘以价格策略(价格策略是变数)减去最大成本。最高利润目标是年度销售的最高目标乘以价格策略减去成本。企业利润目标是在确保最低利润的基础上,再追求最高利润目标。最低利润目标策划占有重要位置。

2. 营销的促销对象策划

把产品推销给谁,谁就是促销的对象。在什么地方推销或把产品推销到什么地方,就是促销的地域对象。任何一种产品都有自己的消费目标顾客,消费目标顾客包括个体和群体、团体;既包括现在的顾客,也包括潜在的顾客。对于消费顾客,经济学家又根据消费的潜在量,将其分为一般和重点顾客对象;按照商品的流通渠道,将其分为直销(普销对象)和分销(中间商对象);把影响和制约并能协调流通渠道的层面称为特殊促销对象。打开产品的市场,是一个促销过程,需要对促销对象精心选择,以此带动消费,然后有计划、有步骤地扩大用户范围,达到预期的促销目标。研究消费对象这个终端,是营销促销对象策划的关键。促销要针对不同对象的消费心理、消费行为和不同的消费层次做出相应的策划,同时要研究不同地域的消费者心理和消费行为。

3. 营销主题策划

营销主题策划，即对企业及其产品观念、形象、品质、价值进行构思塑形。从某个角度讲，就是对主题进行企业文化包装。由于体育产业的特定性，体育市场营销主题策划有其特殊的内在要求。不同体育产业的营销主题策划的定位不同，主导产业与相关产业的定位也不同。确立体育产业营销主题要根据不同的层次、不同的品牌、不同的属性确定不同的营销主题。主题构思的方法，一般是采用通过人的视觉、听觉、触觉等感官来达到对企业及其产品社会形象的提升，达到拉近产销间的距离的目的。营销主题策划与科学性、艺术性、方法性是不可剥离的，必须形成一个有机的整体。

4. 营销策略策划

用什么样的方式倡导产品的消费新观念，引导目标顾客识别并使用该产品是营销策划中非常有价值的议题。策略即为实现营销目标采取的一定手段，需要人的创造性思维。

随着市场发展和人类科学文化技术的进步，人类对物质认识的深度与广度以及社会观念的变更，促进了策划策略的内容、方式方法的不断丰富和发展，"点子"层出不穷，最常见的营销策略有：体育赞助促销策略、体育运动促销策略、教育促销谋略、文化促销谋略、艺术促销谋略、新闻促销谋略、政治促销谋略、形象促销谋略、名人促销谋略、感情促销谋略、信誉促销谋略、品牌促销谋略、名牌促销谋略、质量促销谋略、服务促销谋略、价格促销谋略、赞助促销谋略、赠送促销谋略、环境促销谋略、配套促销谋略、展览促销谋略、设计促销谋略、拍卖促销谋略、广告促销谋略、交际促销谋略、网络促销谋略、逆反促销谋略、揭短促销谋略、诱导促销谋略、获奖促销谋略、人员促销谋略、比较促销谋略、直观促销谋略、关系促销谋略、分销促销谋略。

以上营销策略在体育市场营销策划中的运用，应依据企业产品、市场、消费对象、市场关系的需要灵活地选择。至于在营销策划报告中选用多少促销策略合适，并无一定之规。

5. 最佳谋略组合营销的选择和策划

尽管有很多种促销谋略，但在日益白热化的市场竞争条件下，"单打独挑"

已经显得"势单力薄"。当今和未来的市场给我们一个强烈的信号：营销强调"团队精神"——谋略组合营销势在必行。

谋略组合营销，一般以选择多种谋略组合策划为宜。最佳组合是指在各种不同营销组合中确定最适合本企业的发展方向，产品赢得最大市场及最长寿命的最佳谋略搭配。最佳组合策略的确定，一般应根据营销目标要求、企业与市场状况，把多种促销手段（方式）合理调整，有机配套，形成有先有后、相互补充，层层递进的组合。制定一个最佳谋略组合营销方案，还必须研究以下因素：

（1）企业经济实力与营销费用的关系

体育企业要宣传自己的产品，或者说要造就企业品牌，就必须投入费用用于组合营销的实施。投入多少费用，一是要考虑企业的经济实力。企业一定要量力而行，经济实力雄厚，就可以拿较多的经费，选择更大范围、更有效的谋略进行组合；反之，则选择花费较小、效果较好的方式组合进行。二是要综合分析比较各种促销媒体的费用与效益。媒体不同，费用差异很大，但营销效益与促销费用不完全成正比，往往最佳组合可以达到少花钱又能产生大效益的效果。总而言之，营销组合时必须先进行费用预算，做到量体裁衣、少花钱，多出效益。

（2）依据体育产品的特点和产品类别

考虑和选择组合营销的主从关系。例如，体育健身娱乐市场的地域性很强，要依据这一特点采取相应的营销组合；又如，不同级别运动水平进行不同层次竞技演出，就要选择不同的促销媒体组合营销，如国际赛事，多以电视、网络、报刊、广告为主要媒体，配合人员促销等组合营销。

（3）依据产品寿命周期确定组合营销

体育产品营销与其他产品营销一样，有生产期、成长期、成熟期及衰退期。体育促销应根据产品的寿命周期规律选择不同的促销组合方式。

（4）依据市场状况确定组合促销

不同的体育产品或劳务，对市场的占有大小不同、范围也不同，如运动员的转会，其促销范围就在该运动项目的俱乐部之间进行。选择促销的手段，一般是通过新闻媒体包装加经纪人促销。

6. 营销技术策划

营销技术是指促销的科学性、思想性、经济性，营销策划的全面仔细性、逻辑性和实际操作过程的实用性。例如，广告策划就要全面考虑广告的设计、制作、发布的具体安排及对细节的反复推敲。

7. 营销时机策划

营销时机是指营销策略具体实施的开始到结束时间。对营销策略最佳时机的抉择，可以起到事半功倍的效果；否则就会造成人力、物力的浪费，起不到营销的效果。

8. 营销进度策划

营销进度策划是将整体营销技术工作日程化、分段目标化。按规定的日程必须完成计划任务，保证产品有计划地进入市场并完成年度销售任务。

9. 营销评估策划

营销评估实际上是在营销过程中，根据营销的实际效果和反馈的信息，对实施结果的监控、评价的总结，包括制定评价的标准、方法程序和进行必要的技术鉴定。

10. 营销预算策划

营销预算策划是对整体营销所需花费的全面预算，包括前期的调查报告、策划工作及策划书、实施费用和评估费用等。

（四）体育产品营销方案的论证报告

一个营销方案能否用于实践，不仅要看"点子"好不好，更重要的是看营销的内外关系和提供的支持度有多大。很多经验告诉我们，营销方案就算做得很好，如果忽视了"内外关系"的影响力，脱离了实际，拿到实践中实施后也会以失败而告终。一个成功的营销方案必须是在实施之前对方案涉及的各方面的环境的影响力进行周密的可行性论述。论证要素包括科学、操作、经济、社会（环境）、风险、法律、政治性等。

1. 科学性论证

科学性是指方案要符合市场规律和逻辑思维等知识体系，包含市场运作规则、技术知识含量和营销观念。违背市场游戏规则的标新立异的营销方案，肯定会受到市场的惩罚。在知识创新时代，方案设计的技术知识含量很重要，技术知识含量高的方案，能提升企业的文化精神和产品的优秀文化品格，可以提高企业的自信度、知名度和产品的实际销售率。营销策划提倡创意，即创造性思维设计，而创造性思维首先来源于企业的营销观念的支持，观念是生存发展和产品销售展望的"平台"。如果把这个"平台"建立在市场的"后方"而不是前方，站在这个"平台"上就无法指挥或者导向"前方"产品营销。也就是说，转变和树立什么样的营销观念很重要。在论证整体营销方案时，要将以上几点贯穿整个论证过程。

2. 操作性论证

方案的制作是为了指导实践运用。在实践运用过程中如果违背了客观规律，或者受到现有条件的制约，方案就会搁浅。这就需要对整体营销策划方案进行全面的实践性论证。其方法是，把方案中涉及的与企业条件、社会环境、无序（不可测）风险等技术问题用模拟现实条件进行衡量，如果模拟现实条件允许，就说明方案具备操作性。例如，某企业对某一体育运动器械保修服务承诺上门服务维修，但由于企业人员及经济实力有限，地域销量过小，这一承诺就可能无法兑现。不能实现或不能向顾客兑现服务承诺，不仅产品销售滑坡，而且会给企业形象带来不可弥补的损失。

3. 经济性论证

经济性论证就是要检查策划中不必要的花费，把浪费减少到最低限度。以最少的投入获得最大的效益，是每个企业营销策划追求的主题。最大的效益，就是追求策划可能给企业带来最理想的社会和经济效益。对方案中的经济性进行论证需要充分析社会的经济和市场形势，尽量使策划贴近实际经济效果。

4. 社会性论证

营销能不能为社会所接受，取决于方案的文化精神与民俗风韵的关系、与社会公众和有关政府部门之间的关系、与政治环境的关系、与自然环境的关系等。方案中是否充分策划了与这些社会关系的沟通和协调，同样是方案成立的一个支撑点，因此要充分论证。

5. 风险性论证

这里主要对两个方面的风险进行论证：一方面，是方案本身在实践中的风险；另一方面，是策划中是否全面考虑到产品在行销中的各种风险。对这两种风险，应做出科学性论证。

6. 法律性论证

市场经济就是法治经济，一份整体营销策划书应该充分体现国家和国际的有关法律法规，把方案建立在法律允许和保护的基础上。要充分运用法规和政策为企业产品营销服务。但是利用政策不等于打政策的"擦边球"，这种"擦边球"很可能会给营销带来极大的违法风险，是不被允许的。

7.政治性论证

经济建设要为社会主义制度服务，因此对经济行为要用社会主义政治标准约束。用封建迷信活动搞促销是不允许的，用反动的语言和形象做广告更是禁止的。产品营销策略要促进社会进步和精神文明建设。

第二节　体育品牌营销

品牌是区别于其他竞争者的产品的名称、术语和象征，是能够给企业带来实际效益，产生增值的一种无形资产。一个品牌必须有认知度、知名度、美誉度，从消费者的角度来说，消费者会选择能较好履行社会责任的企业，帮助企业传播产品口碑，知名度高的产品肯定比名不见经传的产品要好卖，这里除产品本身价值外，就是品牌的魅力了。体育产品的品牌是体育健身产品的质量、服务、价值的体现，是企业的信誉保证和企业的无形资产；商标是品牌的法律标志。企业作为市场的主体，建立企业的形象和品牌，在提升市场竞争力的同时，能带动同行的模仿。2016年国务院办公厅发布《国务院办公厅关于发挥品牌引领作用推动供需结构升级的意见》中指出："品牌是企业乃至国家竞争力的综合体现，代表着供给结构和需求结构的升级方向。"

一、品牌及其功能

1960年，美国营销学会（AMA）对品牌（brand）给出了较早的定义：品牌是一个名称、名词、符号或设计，或者是它们的组合，其目的是识别某个销售者或某群销售者的产品或劳务，并使之同竞争对手的产品和劳务区别开来。

对企业而言，产品要快速打开市场，就必须满足消费者的需求，这个产品在同类中有哪些优势，是否有较高的附加值，功效或者说功能是否能够让消费者产生兴趣，这些都是随着消费者消费观念在变化的，但是唯一不变的是品牌，做企业就是要打造一个独一无二的、不可复制的品牌，这样的品牌让消费者直接记住的是整个企业，而不是产品。而营销或者说品牌营销，就是把品牌宣传出去，让消费者对品牌有一定的了解和认识。

（一）品牌的要素

品牌由品牌名称和品牌标记两部分构成，品牌已被推到市场竞争的最前沿。企业必须重视自己的品牌，因为它是企业形象、服务、质量的标记。例如，人们提到汽车就会自然地联想到"奔驰""宝马"，这就是品牌效应，它已经把本来无意义的音节符号和视觉识别标记与某种商品密切联系起来，在消费者心目中建立起一种追求、向往和信任，激发人们的购买欲望，从而形成了一个范围很广的消费群体支持企业的发展。于是，一个企业的品牌就形成了名牌。

品牌在市场中一旦确立了它的位置，不仅代表产品外在的形态、质量等，往往也赋予品牌一种文化内涵。品牌的名人效应、品牌视觉识别标记、品牌的名称等都有很多技巧值得研究，这是品牌促销策划的重要内容。

（二）树立品牌的准则和策略

树立品牌的准则和策略，首先要为产品或劳务取个易于理解和接受的品牌名称。名称要符合企业的使命定位、形象定位和产品及劳务特点，同时要有个性，并典雅、易记、寓意美好，符合法律和风俗习惯，无语差等。其次，要为产品或劳务设计一个便于视觉识别和传播的标志。品牌标志的设计要求是：突出形象、独具个性；寓意准确、名副其实；简洁鲜明，给人以感染力和震撼力；优美精致、适应潮流，并注意使用色彩。

（三）品牌的作用及功能

好品牌具有鲜明的个性、颇具代表意义的象征性和高度的艺术性。一个品牌是不是名牌，要看这个品牌的商标对市场的影响力，对行业发展方向的引导力和跨越地理和文化疆界的渗透力。名牌成了一种地位的象征、成了一种时髦，甚至成了一种文化。体育名牌就是著名体育品牌，是一种有着强大的社会知名度与影响力的体育品牌。名牌首先是有极大知名度的，其次还有一定的美誉度和忠诚度，名牌之所以会如此畅销，是因为它是购买者的识别器，是产品的标志，是销售者的专门象征，一些顾客购买品牌并非出于对其功能价值的追求，而是更多地考虑其象征意义。商品具有表现商品拥有者地位、个性、修养、品质等的象征功能。

品牌注册商标后受到法律保护而禁止他人使用，一旦发现假冒品牌或产品，可依法追究法律责任，进而保护产品特色和企业形象。品牌在当前市场竞争中是企业及产品立足市场的重要因素之一，其主要作用大体表现在以下四个方面：

1. 产品传播功能

无论是新闻宣传、广告宣传，还是产品简介（说明书）；无论是语言文字宣传，还是视听媒体宣传，品牌都始终是宣传的中心议题。如果没有一个好的品牌，就很难有高水平的产品宣传。

2. 识别他人的功能

识别功能是品牌最基本、最原始的功能之一。品牌是区别其他产品的标志，好的品牌有利于塑造产品（服务）的良好形象。成功的品牌有利于塑造企业的良好形象，人们从好的品牌容易联想到企业实力、创造力和管理水平，认为该企业是个有前途的企业。

3. 彰显个性功能

好品牌象征着高知名度、高质量、高美誉度，可以使消费者得到视觉满足（标志的视觉美）、心理满足（名牌心理）和价值满足（名牌价值）。

4. 促销功能

产品之间的竞争，在形式上主要表现为品牌竞争，在产品的质量、功能、价格服务等差别不大或对产品的质量不了解的情况下，消费者选购商品的重要依据（甚至唯一依据）就是品牌。好的品牌具有较强的促销辐射效应。一个品牌一旦被消费者认可，将该品牌用于其他商品，就会促进其他商品的销售。

二、商标（trademark）及其功能

（一）商标的含义及其由来

商标是用来区别一个经营者的品牌或服务和其他经营者的商品或服务的标记，包括文字、图形、字母、数字、三维标志、颜色组合和声音等，以及上述要素的组合。商标是具有显著特征的标志，是现代经济的产物，代表产品的质量、

特点和生产者等。商标一般出现在产品、产品包装和广告上，以区别于其他同类产品。经商标局核准注册的商标为注册商标，包括商品商标、服务商标和集体商标、证明商标；商标注册人享有商标专用权，受法律保护。

现代商标作为一种财产权受到各国法律的保护，而且在国际上受到以《巴黎公约》为基础的国际工业产权制度的保护。我国1982年8月23日第五届全国人民代表大会常务委员会第二十四次会议通过《中华人民共和国商标法》，2019年4月23日第十三届全国人民代表大会常务委员会第十次会议进行第四次修正。

（二）商标的功能

商标是指按法定程序向商标注册机构提出申请，经审查予以核准，并授予商标专用权的品牌或品牌中的一部分，商标受法律保护，任何人未经商标注册人许可，皆不得仿效或使用。可以看出，品牌的内涵更广一些。随着市场经济的发展，商标在商品流通中的作用日益突出。商标成为广告宣传、倾销商品、争夺市场的强有力工具。一个享有盛誉的商标是企业的无形资产，是可以转让、买卖的工业产权。商标的价值和作用是通过商标所具有的功能来实现的。商标的功能有以下三个方面：

1. 区分商品来源

商标首先是商品的标记，用以区分不同生产者和经营者的商品。例如，"李宁"牌使用的商标所标示的一系列产品都是同一企业生产的，非经许可，他人不得使用、冒充和仿效；又如，奥运会标志、大型体育活动的会徽、吉祥物等都属于知识产权，受到法律的保护。这样有利于维护生产者的正当权利，保护企业的声誉，促进企业间的正当经营和竞争。

2. 监督商品质量

同一商标的商品必须具有相同的质量，商品质量与商标信誉紧密相连，企业要创造出一个品牌来，必须长期保证产品的质量。同时，商标是广大消费者监督产品质量的重要手段，具有保护消费者利益的作用。

3. 促进商品销售

商标是产品质量特征的标志。由于消费者购买习惯和购买兴趣方面的原因，消费者往往根据商标进行选购。这样，商标自然在促进产品销售中起着无声宣传的重要作用，成为广告宣传中不可缺少的内容。在消费者中声誉好、印象深的商标，其产品销路必然好。

品牌与商标既有联系又有区别。企业的品牌和商标可以相同，也可以不同，它们都显示着商品的特征。但品牌主要代表商品的生产和销售单位，商标则是区别不同产品的记号。另外，品牌无须办理注册，如经申请注册后，品牌则成为商标。或者说，商标是一个法律名词。一个品牌或品牌的一部分经注册后才能成为受到法律保护的专用的商品标志，即商标。世界各国的商标制度，一般实行"注册原则"和"申请在先原则"，以保护商标专用权。

三、体育品牌战略

战略的本质主要是创造差异化的竞争战略，谁先推出品牌、注册商标，谁就占领了市场、占有了市场优先权。在日趋激烈的竞争环境中，企业面临产品、技术、服务日趋同质化的趋势，谋求品牌、创造差异化的战略选择成为组织发展的重要手段，被组织视为战略营销的关键选择。体育企业最需要培养的就是品牌意识和提升品牌策划能力。体育品牌战略研究包括体育用品品牌、职业体育和赛事品牌的战略。体育品牌战略服从于体育组织战略。从体育组织战略出发，通过对组织内外部战略环境和组织自身资源和能力的分析，选择和制定恰当的品牌战略，做好品牌战略的实施工作，加强管理和控制，切实发挥品牌战略的关键作用，树立良好的品牌形象，提升体育品牌的价值，提高我国体育品牌在国际上的竞争力。

安踏体育用品集团有限公司（简称安踏）2021年财务报告显示，2021年营业收入493.3亿元，同比增长38.9%；实现利润109.9亿元，同比增长20.1%；国内运动鞋服市场占有率达16.2%，超越阿迪达斯的14.8%，与耐克的差距进一步缩小，连续十年稳居中国体育用品行业第一地位。从一个偏僻乡镇的制鞋作坊成长为行业龙头企业，是安踏三十年深耕体育营销的品牌乾坤。安踏结缘体育赛事是从1995年赞助第67届世界举重锦标赛开始的。当时，刚刚创立四年的安踏已经明确了体育营销的发展之路，找准了自身的品牌定位——体育用品生产经营者和现代体育精神传播者。2021年5月18日，安踏与中国国家游泳队达成战略合作，成为中国国家游泳队体育运动装备的独家赞助商。至此，安踏已累计赞助30支国家队，参加了30多项重大国际体育赛事。

体育品牌战略管理就是体育组织通过对外部竞争环境的现实状况和未来趋势的分析，根据自身条件，确定和选择有效品牌战略，并对品牌战略实施和控制的管理过程。创造名牌需要长时间的完善与宣传，自创名牌是一项系统工程，这个工程包括四个环节：品牌定位、品牌形象、品牌传播和品牌竞争力。

（一）品牌定位

定位（positioning）理论是1972年由美国两位著名的广告人艾·里斯（AL Ries）和杰克·特劳特（Jack Trout）首次提出的。定位理论强调通过突出符合消费心理需求的鲜明特点，以争取目标消费者的认同。企业确立特定品牌在商品竞争中的方位，一旦选定了目标市场，就要设计并塑造自己相应的产品、品牌及企业形象，让自己的品牌在顾客中占据有利地位。品牌定位战略目前已成为有史以来对美国营销影响最大的理念。

品牌定位要求品牌管理者以消费者的需求为中心，消费者的需求决定品牌的定位，品牌的定位就是要在市场上树立一个明确的、有别于竞争对手的、符合消费者需要的形象，使品牌在消费者心中占据一个有利位置。品牌定位同时是品牌的价值传递机制，它决定了品牌传递的价值内涵和传递方式，品牌的不同定位意味着对顾客的价值不同。品牌定位有助于消费者记住企业传达的信息，是确立品牌个性的重要途径，是品牌传播的基础，能够为消费者提供一个明确的购买理由，是品牌占领市场的前提。

（二）品牌形象

品牌形象是指企业或某个品牌在市场上、在社会公众心中表现出来的个性特征，它体现出公众，特别是消费者对品牌的评价与认知。品牌形象与品牌不可分割，形象是品牌表现出来的特征，反映了品牌的实力与本质。品牌形象的有形要素包括产品及其包装、生产经营环境、生产经营业绩、社会贡献、员工形象等。形象是品牌的根基，所以企业必须十分重视塑造品牌形象。

品牌形象是消费者对品牌的所有联想的集合体，它反映了品牌在消费者记忆中的图景。品牌联想的形成既有营销活动的结果，也有非营销活动的结果。消费者对品牌形成的联想既可以通过企业掌控的渠道获得，也可以通过非企业掌控的渠道获得。

品牌形象本源含义是消费者对品牌的心理体验，它是由品牌的气质识别打造的，品牌气质是消费者听到品牌后产生的一种心理感觉与审美体验，品牌气质也可以叫品牌性格。体育服务行业和经济组织，如公司、俱乐部、协会、中心等，作为在市场上出现的品牌，无论什么组织形式或称谓，都要冠以与之相应的名称，这一点往往比有形产品的作用更为重要。体育无形产品的品牌创立更需要长期的努力，体育组织应从战略环境和体育组织自身出发，选择和制定恰当的品牌战略，有力执行并动态管理，提升体育品牌的价值，从而提高体育组织的竞争力。但绝大部分的品牌论著把消费者对品牌的这种心理体验定义为品牌个性，正是这种品牌个性构成了独特的品牌形象。

（三）品牌传播

品牌塑造的关键在于传播推广，要成功实现体育品牌传播，必须以体育品牌定位为主线，关注顾客的沟通方式、兴趣、行为及其变化趋势，在消费者心中构建清晰的品牌形象，从而提高品牌的忠诚度和市场竞争力。品牌标识是品牌中那些容易被识别，并为消费者带来视觉冲击和形成记忆印记的部分。它可以向消费者传递品牌的属性、价值、文化、个性等特征，标识设计可以将品牌与提供的产品类别建立牢固的联想，譬如看到"京剧脸谱篮球"就想起 CBA。体育组织需要在定位的基础上选择体育品牌要素，构建体育品牌识别系统，然后进行整合品牌传播活动。体育劳务有直接提供服务的，更多的是组织各种活动和比赛的中介服务。中介的策划活动是把提供消费服务的产品，如好的球队、著名的运动员、大型体育赛事投入市场介绍给消费者，完成生产消费过程。

（四）品牌竞争力

品牌竞争力是指企业的品牌拥有区别于其他竞争对手或在行业内能够保持独树一帜、能够引领企业发展的能力。这种能力能够在市场竞争中显示品牌内在的品质、技术性能和完善服务。品牌竞争力是企业核心竞争力的外在表现，具有不可替代的差异化能力，是企业独具的能力，也是竞争对手不易模仿甚至无法模仿的；品牌竞争力还具有使企业持续盈利的能力，更具有获取超额利润的品牌溢价能力。强势的品牌竞争力，有更高的认知品质，企业的品牌产品可以比竞争者卖更高的价格，攫取超额利润，这就是品牌的溢价功能。

四、体育品牌营销路径

消费者心目中对品牌有了印象，就会对品牌下的产品有正确的认识和理解，判断同类产品的区别时也能够有好的依据。要做到这一点，离不开品牌的传播，没有传播就没有品牌的知名度、认知度、美誉度。营销就是要将品牌宣传出去，让消费者知道"品牌是谁，品牌是做什么的，品牌可以为消费者提供哪些服务"。简而言之，就是要先让消费者"认识品牌"。产品营销就是把产品卖到消费者手中，而品牌营销就是把企业以及产品都留在消费者的心中，然后去赚明天的钱。营销时，要做到：

首先，可以利用明星效应。从营销来说，一个品牌的产品在当前时代背景下要快速蹿红，利用明星效应是最简单也最常用的。还要有品牌内容，体育品牌在体育市场上要有作为，内容同样是关键，也就是要讲好产品的故事。而在营销中，了解客户的心理要比一味地追求成交更加重要，了解客户心理的过程就是讲好品牌故事的一个过程。明星效应可以快速导流，但是能否留住消费者就要看内容了。

其次，营销策划上要针对不同客户群体采取不同的策略。实际上，国际大牌现在做营销策划并不直接宣传介绍产品，而是开始宣传情怀，要给品牌树立一个与体育运动精神有关的格调。近些年来，在全球各个运动装备制造商之间的竞争和博弈中，很多品牌不再宣传功能性的产品，而是在思考如何去打动消费者。

当前，体育产业是朝阳产业，这是一个新蓝海，在体育品牌的市场营销中，必须把品牌宣传出去，树立品牌形象，将品牌文化广而告之，让消费者认识品牌，才能更好地促进体育行业企业的健康发展。因此，必须以消费者为中心，确定品牌定位，通过多渠道的宣传推广，使品牌深入消费者内心，吸引消费者消费。同时，要以好的产品留住消费者。

第三节 体育产品价格策略

一、产品价格

产品价格是构成企业营销组合的一个重要因素，也是体育市场营销的核心问题之一。价格是商品价值的货币表现形式。要确定合适的价格，必须了解价格的构成，即影响价格的现实因素是什么。一般而言，应关注成本、目标利润、市场供求关系和顾客的心理。影响健身产品与服务价格的有以下五个因素：

（一）成本因素

成本是生产一种产品所需的全部费用。在市场经济条件下，产品进入市场就成为商品。各类体育商品的成本包含生产成本和流通费用。生产成本是商品在生产领域耗费的一切有形劳动与活动的货币表现，流通费用是商品在流通领域耗费的一切劳动与活动的货币表现。体育商品的生产成本与流通费用之和构成各类体育商品的总成本。

一般来说，体育商品成本因素对企业定价的影响可以从体育健身商品的价格构成中看出。体育健身商品价格通常由四个基本要素构成，即生产成本、流通成本、税金、利润。

体育商品成本是体育商品价格构成中最基本的因素。当税金和利润一定时，体育商品价格就与体育商品成本成正相关，成本高，其价格也高；反之亦然。

在我国向市场经济转轨期间，竞技体育也向体育产业的方向迈出了一大步。运动员，特别是俱乐部的体育明星，也逐渐作为竞技体育领域的"特殊"体育商品被标上价格。这种价格以转会费或年薪的形式表现出来。但是，"体育明星的价格"与一般产品的价格有一定的差异。体育明星的价格更注重使用价值，即在一个队中的"作用"和"名气"。人们对生产体育健身明星的成本是相对"忽视"的，因为一般生产体育明星的成本与其在比赛中的作用不直接相关。

（二）利润因素

利润是商品生产的赢利，即商品的价格超出所有成本的余额。商品价格除弥补生产商品付出的代价外，还应产生利润。这种利润应包括生产利润和商业利润，同时包括缴纳的所得税等。利润不是企业和商家空想的，而是经过努力能够实现的。

一般而言，作为具有独立利益的经济实体，企业和商家都希望从自己的产品中获得最高利润。但是，最高利润与最高价格并不一定具有必然的联系，采用最高价格不一定能获得最高利润。在存在竞争的情况下，由于供不应求而采取偏高的商品价格，最终会使更多的企业和商家参与竞争，使供求关系缓解下来，从而影响体育健身产品的价格。

(三)市场因素

1. 价格对需求量的影响

价格与需求量是一种反比例关系,价格上升会使需求量减少;反之,则会使需求量增加。其原因如下:

第一,价格下降会增加新的购买者。

第二,价格下降会使原有的购买者增加需求。

2. 价格对供应量的影响

与价格和需求的关系相反,价格与供给量的关系是正比例关系,价格上涨,供给量增加;价格下降,供给量减少。原因如下:

第一,价格上涨,能使企业利润增加,刺激各生产厂家增加产量,因而造成供给量增加。价格上涨还会吸引许多新的厂家生产同类产品,同样会使供给量增加。

第二,当价格下降,原来的生产厂家会停产、转产或缩小生产规模。

3. 需求的价格弹性

给体育产品定价时,还应考虑市场需求的价格弹性。需求的价格弹性是指因价格变动而相应地引起的需求变动比率,它反映了需求变动对价格变动的敏感程度、需求价格弹性的大小。

4. 边际值

边际值是指每变动一个单位的产销量所引起的收入和成本的变动额。所变动的收入额称为边际收入,所变动的成本额称为变动成本。当经营者根据销售情况确定产量时,边际收入高于边际成本,说明效益在提高;相反,虽然从总体上并没亏损,销售收入还在增加,实际效益却已开始下降。

由于价格制约着销售量,对边际值的分析是确定产品的价格,从而确定合理产销量的主要依据。对经营者来说,边际值的概念比总值和平均值的概念更为重要。

5. 供求关系调整

供求关系在事先难以预测,企业制定目标利润时,一般难以准确地考虑。在实际销售中,供求关系经常发生变化,使得原定的理论价格发生波动。供不应求,价格上扬;供过于求,价格下跌。

（四）品质

品质是指产品的质量，它是产品的"生命线"。从理论上来说，只要品质好，就可以定好的价格，就一定畅销。实际上，这种认识是不够的。品质好却不畅销的现象也是现实存在的。理论和现实之间为什么会存在如此大的差距，甚至截然相反呢？原因之一就是我们对商品的品质缺乏一个全面而正确的理解。一般情况下，人们都认为商品的品质指的就是商品的质量。这种说法并不全面，只是说到了品质的一个方面。商品品质的另一个方面就是存在于商品质量以外的东西。商品原本是"物"，物有形、有色、有商品名称、有商标、有包装纸、有信用等。企业形象文化也是商品的重要品质之一。物的价值一般被称为物理价值。在现代社会里，自己对商品品质有信心，商品仍不畅销，这是因为商品在"内在品质"以外还有"外在品质"。因此，要在全面理解商品品质的前提下，制定出一个合理的价格，体现出"文化价值"和"外在品质"一样也会畅销。

（五）影响定价的其他因素

1. 政府政策的限制

产品的价格对国民经济有着重大影响，它直接关系着消费者的利益，国家如果对价格完全失去控制，就会引发严重的社会问题，如垄断和暴利。因此，各国政府会通过一定的政策对产品价格施加影响，企业在定价时必须充分考虑政府的价格政策。

2. 消费者理解价值

消费者理解价值是指消费者对某一产品的质量、性能和服务体会以及由于广告宣传产生的感性认识，即由此产生的对产品价格的可接受性。

正因为存在消费者的理解价值，所以企业定价多少不能仅从生产成本来考虑，只有综合消费者的理解价值并进行全面分析，确定的价格才是合理的。但是消费者理解价值的具体状况是一个潜在的东西，只有经过多方面的详细调查、研究、分析，才能准确地对这种理解价值做出判断。

3. 不同销售时间

同一产品在不同季节和时期会出现不同的需求弹性，产品价格可随之变动。尤其是一些季节性、时令性很强的商品，价格随时间变动更为重要。

4.质量差价

质量差价是指同一种商品在同一市场和同一时间内，因商品质量不同而形成的价格差额，其中包括品质差价、等级差价、品种差价、规格差价、花色差价、式样差价、型号差价、牌号差价、新旧差价和鲜度差价等形式。由于不同质量的商品在生产过程中耗费的有形劳动和无形劳动不同，所以存在差价。如果按质论价、优质优价，就可以保护生产者和消费者的利益。

二、体育服务产品价格的制定方法

（一）成本加成定价法

这种方法是首先确定每一个产品的变动成本，加上平均分摊的固定成本，然后再加上一定比率的利润，以及相关税金等构成产品的价格。

价格 = 单位成本 × （1+ 成本加成率）

这种定价方法简便易行，因此应用历史较长，应用面较广。公式中的成本包括：投资总额分摊、人工费用、经常管理费、维修费及其他物料消耗费。公式中的利润是指毛利，即收入减成本的差额。公式中的税率应按税务政策规定的比率计算，一般体育服务项目的营业税税率为6%。

（二）完全成本定价法

这种方法是以体育服务项目的完全成本为基础，再加上一定的利润和税金而制定出价格的方法。

价格 = 单位成本 + 单位成本 × 成本利润率 = 单位成本（1+ 成本利润率）

公式中的利润率是指售价利润率，其公式为：售价利润率 = 利润 ×100%/ 销售价格。

这种方法计算的结果与第一种方法接近，二者的区别是所用的条件不同，前者用利润作为条件之一，而后者是用利润率作为条件之一。

（三）目标收益定价法

这种方法是根据企业总成本和估算的销售量，确定一个目标收益率作为定价目标的计算方法。这种方法在新建的健身企业中应用较多，因为新建的健身企业都有投资偿还期,所以要在价格中保证到期能偿还贷款。

价格=估算的销售额+投资收益额/一年内使用次数

例如:某健身娱乐场所投资3000万元人民币,预计投资收益率为每年10%,大厅内可同时接待300人,估计每天销售额为5万元,一年按营业360天计,根据上述条件计算出该健身娱乐场所每张门票的价格为:

价格=50 000×360+30 000 000×10%/300×360=194元

前面所述的三种定价方法依据的条件中固定的因素较多,如成本、税率、投资额等,考虑的灵活因素较少。下面的几种定价方法则较多考虑变化的因素、心理的因素等,有利于适应不断变化的市场。

(四)区分需求定价法

同一产品因不同时间、不同地点、不同顾客、不同情况可以制定不同的价格。一是对不同的健身消费者的差别定价。二是同一产品集体票和散客票不一样,成人与儿童不一样。三是不同购买时间差别定价:不同营业季节价格不同;不同日期(周末或重要节日与平日)价格不同;不同时段价格不同,如上下午价格(如羽毛球包场);购买时间长短不同价格也不同,两小时以下和两小时以上价格不同。四是不同场所差别定价,如室内游泳池和室外游泳池、室内网球场和室外网球场,其地点不同,价格也不同。五是不同付款方式的差别定价。是现金付款还是支票付款,是一次性付款还是分期付款,是预先付款还是赊账,情况不同价格也不同。六是行业或系统内外的差别定价。行业内部可以协议优惠甚至免费,如保龄球协会会员享受优惠价。

(五)随行就市定价法

这种方法一般适用于"完全竞争型市场"。完全竞争型市场是指本行业存在众多的企业,经营相同的产品,各自在商场上占有的份额都不大,每个企业的加入和退出对市场价格没有太大的影响。在这种情况下,产品价格由市场整个供给量与需求量决定,每个企业的产品价格只能随行就市,跟着市场流行的价格水平走,北京、上海、深圳的保龄球市场就是如此。

(六)控制供应量定价法

这种方法适用于一家企业控制了某项产品的几乎全部供产量,而且市场上几乎没有其他可以替代产品的情况。在这种情况下，可以通过控制供应量来定价，提高定价以减少消费者，也可以降低定价以扩大消费群体。

（七）利用声誉定价法

这种定价法是以注重社会地位、身份的目标客人的需求特征为基础，故意把价格定得很高，借此以显示客人的高贵，企业以此抬高自己在客人心目中的声望。到这种场所消费的客人要求消费环境好、设备档次高、服务质量好、消费群体的层次高。在一定程度上，产品的价格是反映健身娱乐活动质量和消费者地位的一种标志。针对这种心理，一些企业将价格定得高一些。这种方法在高档体育健身企业中常用，如某些网球场、高尔夫球场等。

（八）变动成本定价法

由于市场竞争激烈，为使企业不至于破产，个别企业采取以变动成本为基础制定价格的方法，也就是不计固定成本及折旧等，这是为了应对竞争而采用的保本经营的方法。关于定价方法还有一些，这里就不一一介绍了。

三、体育产品的价格策略

尽管大部分有形商品的价格策略都适用于体育产品，但由于体育产品有一些自身的特点，因而应依据其特点对不同的体育项目和处在不同时期、不同状态的产品采用不同的价格策略。目前，体育服务企业中运用较多的定价策略有以下几种：

（一）新产品定价策略

当一个新的体育项目被引入市场之初，采用合适的定价策略是相当重要的。这关系着这一项目今后在消费者心目中的档次和形象，表明了企业所确定的目标市场，也决定了该产品是否能够顺利、快速地为目标市场的消费者所了解和接受，使产品尽快地进入高利润的成熟期。根据各种体育产品本身的特点，可以采取以下两种策略：

1. 撇油定价策略

撇油定价策略是指把新产品的价格定得很高，以求在短期内把本钱赚回来的定价策略。这种定价策略的特点是，把新产品的价格定得比较高，利用顾客对新产品的价格尚无理性认识，利用顾客求新求异的心理，在短期内收回投资。其目标市场在经济支付能力上属于高档市场，消费者经济能力普遍较强，希望能以较昂贵的代价获得领先潮流的享受。如高尔夫球项目，由于其场地要求特殊，对气候也有一定的要求，国内很少有投资者能够有实力投资开办真正的高尔夫球场。然而在当今的信息社会中，许多人已从各种渠道了解到高尔夫球项目的各种知识，知道它在世界各地都属于较昂贵的"贵族"活动，出于好奇等消费心理，一些高收入阶层的人对这一项目怀有向往之情。在这种情况下，企业投资者就可以在项目推出时，面向这一高档目标市场采用撇油定价策略。

2. 渗透定价策略

渗透定价策略是指企业把新产品投入市场时价格定得相对较低，以吸引大量顾客并迅速打开市场，短期内获得比较高的市场占有率，同时通过接近成本的定价，威慑其他潜在竞争者的一种定价策略。该定价策略也称为低价定价策略。

这种策略适用于那些对目标市场来说十分陌生的项目，其优点是使产品迅速占领市场，并有效地阻碍新竞争者的进入；其缺点是低价不利于投资的尽快收回，也不利于日后提价，并有可能让顾客形成低价低质的印象。

这种项目的目标市场从经济能力上划分应该是普通人组成的大众市场，消费者对项目的价格水平十分敏感和重视。如一些高科技的健身娱乐项目，引进前有关的项目知识传播很少，当项目建成推出时，人们感到陌生，消费意向不强，这时企业采用这种定价策略吸引客人进场，让他们花很少的钱尝试其中的某些项目，体验闻所未闻、见所未见的奇异经历，感受那份从未有过的刺激和兴奋，并把这种感受传播出去，公众了解了企业，对项目产生好奇，从而使企业很快打开市场。

（二）心理定价策略

心理定价策略就是企业在制定产品价格时，运用心理学的原理，根据不同类型消费者的消费心理来制定价格，它是定价的科学和艺术的结合，是企业针对不同的消费心理，对原先制定出的基础价格进行修正。不同的企业有不同的定价目标，不同的消费者群有不同的消费心理，因此应该有不同的心理定价策略。常见的心理定价策略有尾数定价策略、整数定价策略、声望定价策略、招揽定价策略、习惯定价策略等。

尾数定价策略是指在确定价格时，利用消费者的求廉心理，制定非整数价格，以零头数结尾，使用户在心理上有一种价格低的感觉，或者是价格尾数取吉利数，从而激起消费者的购买欲望，促进商品销售。

整数定价策略是在同类型产品竞争者众多的情况下，消费者往往只能将价格作为判别产品质量、性能的指标。企业利用顾客"一分钱一分货"的心理，将商品价格有意定为整数。同时，在众多尾数定价的商品中，整数能给人一种方便、简洁的印象。该策略适用于高档、名牌产品或者是消费者不太了解的产品。

声望定价策略是指利用消费者仰慕名牌商品或名店的声望所产生的某种心理来制定商品的价格。因为消费者具有崇尚名牌的心理，往往以价格来判断产品质量，认为价高质必优，这种定价策略既补偿了提供优质产品或劳务商家的必要耗费，也有利于满足不同层次的消费需求。

招揽定价策略是一种有意将商品按低于市场平均价格的价格出售来吸引消费者的定价策略。如商品大减价、大拍卖、清仓处理等，由于价格明显低于市场上的其他同类商品，因而顾客盈门。这种策略一般是对部分商品降价，从而带动其他商品的销售。比如，一些大型超市将特定的商品以低价出售，以此作为宣传来吸引消费者。

习惯定价策略是指消费者习惯于按此价格购买，即有许多日用消费品，由于消费者经常购买，形成了一种习惯价格，如日常用的饮料、火柴、大众食品等。这一类商品不应轻易改变价格，以免引起顾客不满。如因原材料涨价等原因确实需要提价时，应特别慎重，可通过改变包装、适当减少分量或推出新型号的办法来解决。

（三）垄断定价策略

垄断定价是由处于垄断地位的少数几家企业结成同盟协商形成的价格。一方面，他们将自己的产品定价很高；另一方面，他们又将获取原料的价格压得很低。但由于消费者的坚决反对及法律法规的限制，垄断定价不能过高。而且，垄断企业虽然占有绝大的市场份额，但为了不引起消费者的不满，防止中小企业的竞争，有时也将价格定得适中。他们的价格变动往往会引起其他企业的价格随之改变。这种定价实质上是一种非正式的卡特尔定价。在钢铁、汽车、煤炭、机床、丝绸、烟草、石化等行业，都相当普遍地实行着这种定价方法，甚至一些较小的服务行业也不例外。

某些娱乐项目由于技术原因、政策原因或资金原因等常常只能由少数企业经营，如实弹射击等项目。对这种他人一时无法效仿的项目，企业可以制定超高垄断价格，以获取垄断利润。

（四）折扣与让价策略

让价策略是指企业根据买主为企业推销商品的行为差别所实行的减价策略。在市场竞争特别激烈的时候，或企业的产品处于生命周期的衰退时期时，可以使用这种价格策略，在原有价格的基础上降低价格或者给客人以折扣优惠。这种策略对延长产品的成熟期和促进产品进入再生期都有很好的作用。

（五）会员制

会员制营销是指企业通过建立会员制度，吸引消费者成为企业的会员，从而提高品牌忠诚度、增加销售额的一种营销方式。

1. 会员制营销的特点

（1）建立品牌忠诚度

会员制营销可以让消费者更加深入地了解品牌，享受到更多的会员福利，从而提高品牌忠诚度。

（2）促进消费

会员制营销通常会提供一些针对会员的优惠活动，如打折、积分返还、赠品等。这些优惠措施可以激励消费者消费，并吸引更多的人成为企业的会员。

（3）改善客户体验

企业可以通过会员制度了解客户的需求，为客户提供更加个性化的服务，从而提高客户的满意度，改善客户体验。

（4）建立用户数据库

会员制营销可以为企业建立一个客户数据库，根据客户的购买行为和偏好进行有针对性的市场推广和营销，提高营销效果。

2. 会员制营销的优缺点

优点：

第一，提高顾客忠诚度。会员制通过给予会员专属优惠提供更好的购物体验等措施来提高顾客的忠诚度，从而促使顾客再次购买。

第二，降低营销成本。与传统的广告和营销相比，会员制营销的目标更加精准，能够直接针对已有顾客，减少针对新客户的营销成本。

第三，支持精细化运营。会员制度可以收集会员的购买记录、偏好等数据，通过数据分析来制定更加精准的营销策略，提高运营效率。

缺点：

第一，初始投入成本高。建立会员制度需要一定的投入成本，如会员管理系统、会员卡等，这对初创企业来说可能会增加财务压力。

第二，维护成本高。为了保持会员的忠诚度，企业需要持续提供专属优惠等措施，这也需要一定的维护成本。

第三，可能会被竞争对手模仿。一旦会员制度被模仿，会员可能会选择转移消费，从而对企业造成不利影响。

第四，需要保持创新性。为了吸引和保持会员，企业需要不断创新和提供新的优惠和服务，这对企业来说也是一种挑战。

会员制营销既有优点也有缺点，企业需要根据自身情况和目标顾客群体来决定是否采用会员制度，同时需要注意在营销策略的执行中保持创新性和精准性。

3. 会员制形式

（1）全封闭式俱乐部会员制

全封闭式俱乐部会员制是指企业只接待会员，这是最传统最严格的会员制。在企业筹建时就限定了会员权益和吸收的会员数量，并根据其投资及档次确定会员籍的价格，这种价格通常都非常高。全封闭式俱乐部有较严格的名额限制，入会者要通过一定的资格审查，由于会员都接受过资格认可，因而消费水准多属同等层次，会员在个性、品位、爱好等方面有很大的认同感，可以进行彼此的交流联络和商业合作。比如，大多数高尔夫球场是会员制，封闭式高尔夫球会不仅要求球会的硬件设施高档，而且服务水准也是一流的，并且全天候为客人提供服务，不仅是球场设施的使用，还提供机场接送、服务活动安排等。俱乐部的成员真正在精神和物质方面享受到"贵族"式服务，会员制的价格取决于俱乐部的质量。另外，企业还定期或不定期地为会员举办各种联谊活动，为他们提供相互认识、交往及交流信息的机会，这已成为俱乐部吸引会员的重要因素。

（2）半封闭式会员制

半封闭式会员制是指企业内划出一部分区域或项目作为会员区，只接待具有会员资格的客人，另外一些区域则向社会开放。由于全封闭式会员制的娱乐企业只接待会员客人，人数有限，对那些实力较弱、场地较大、项目较多的企业来说客源不够充足。特别是当市场竞争十分激烈，会员卡无法按计划售出时，会影响企业的经济效益，因此许多企业无法采用全封闭的俱乐部会员制。但许多高档企业又需要以会员制来保持其高档次的企业形象，许多高档客人也需要清静、高雅的环境及高层次交际场所的氛围。于是，一些大型高档场所就采用另一种改良的会员制，即半封闭会员制。会员有权享用一些免费项目，付费项目也会得到折扣优惠。这种会员资格也是要购买的，但通常比全封闭式的会员价格要低一些。

（3）开放式会员制

实行开放式会员制的企业向全社会开放，没有会员区与非会员区的区别。非会员客人可以在营业场所的任何区域按门市价消费，而会员客人按会员价格购买了会员卡后，可得到许多特殊待遇，一是预订时可得到优先安排，二是会员结账时可得到较大的优惠，三是消费额可从购会员卡的费用中扣除。因此，这实际上是一种优惠卡制度，企业也可预先得到稳定的营业收入，对双方都有利。这种会员制被许多企业采用。

4. 批零差价

批零差价指同一商品在同一市场和同一时间，批发价和零售价的差额。批零价主要由零售企业的流通费用、缴纳税金和合理利润构成。

第四节　体育产品推销

推销是把产品作为营销的重点，以单一的推销或促销为手段，通过产品销售来获取利润，是产品由生产者达到消费者的企业活动。

一、人员推销

人员推销是指企业派专职或兼职的推销人员深入中间商或消费者进行直接的宣传介绍活动，直接向可能的购买者进行的推销活动。它是人类最古老的促销方式。在商品经济高度发达的现代社会，人员推销成为现代社会最重要的一种促销形式。人员推销主要表现在以下四个方面：

（一）销售产品

销售产品是人员推销的基本任务。推销人员通过与消费者的直接接触，展示产品，解答质疑，指导产品功能，使目标顾客能当面接触产品，从而确信产品的性能和特点，运用推销的艺术，向消费者推荐体育产品，引导体育消费，分析解答消费者的疑虑，最终达成交易。

（二）了解市场，反馈信息

推销人员与制造商、经销商和消费者直接接触，面对面地交流信息。推销人员对体育市场的各种要素的变化动向和消费者的反映都了解得比较清楚，推销人员在深入市场的过程中，可兼作体育市场调研和情报收集工作，了解竞争对手的新产品策略和市场促销策略。在推销过程中，销售人员一方面把企业信息及时、准确地传递给目标顾客，另一方面把市场信息、顾客（客户）的要求，意见、建议反馈给企业，这些反馈信息有利于企业调整营销方针和政策。

（三）密切买卖双方关系

销售人员与顾客直接打交道，在与顾客长期反复的交往过程中，会逐渐产生信任和理解，加深双方感情，建立良好的关系，容易培育出忠诚顾客，稳定企业销售业务，并有利于发现和拓展新的潜在市场。

（四）提供服务

推销人员在与顾客接触、推销体育产品的过程中，还可做好各种售前售后服务，诸如业务咨询、技术性协助、售后服务等。在体育器材等领域，甚至承担在一定期限内的免费安装、调试和维护工作，解决好消费者在购买和使用本产品过程中的各种问题，解除消费者的后顾之忧，赢得更多的市场机会。

人员推销的作用固然重要，但也有其局限性。首先，费用支出较大。由于人员推销直接接触的顾客有限，销售面窄，人员推销的开支较多，增加了产品销售成本。其次，在市场广阔而又分散时，推销人员接触消费者的数量和范围十分有限。最后，对推销人员素质要求较高。尤其是随着科技的发展，新产品层出不穷，对推销人员的要求越来越高。经营单位的推销人员，如缺少应具备的文化素质和推销专业技巧、品行、职业道德修养，制约着人员推销工作的深入开展。

二、体育市场人员推销的特征

（一）体育有形产品人员推销的特征

体育有形产品的推销人员的基本职能是用其专业的体育运动、健身、审美及康复等知识及促销技巧，通过对所促销体育有形产品特征的推广与宣传实现促销的目的。

体育有形产品推销人员所推销的产品，无论是健身器材，还是运动服装鞋帽，都关系着人们的身体健康、运动安全甚至生活方式。

体育有形产品推销人员促销的对象，是社会各阶层、各种年龄和不同性别的消费者，其中又以青年、中年和老年消费者为主。推销人员应考虑这些在体育有形产品消费中起主导作用的群体消费者的文化及审美情趣、经济实力、身心健康状况及是否有较严谨的科学态度等因素。

人员推销的主要特征是针对性强、灵活机动、与顾客直接沟通。由于目标消费者是明确的，推销人员可根据消费者的消费动机和特点灵活采用通报和解说方式，提供能满足顾客需要的体育有形产品信息，帮助顾客分析机会、提出建议、答问释疑。相互间在态度、气氛、情感等方面都能捕捉和把握，有利于销售人员有针对性地做好沟通工作，解除各种疑虑，引导顾客购买欲望。

（二）体育无形产品人员推销的特征

1. 体育无形产品的目标市场相对集中

高尔夫球、滑雪运动因对消费者的经济实力有一定的要求，所以这类项目的市场定位相对较高。健身俱乐部的消费者群体主要是青年男子和女子，推销人员应根据这些项目的市场定位寻找潜在消费者。

2. 以专业化为导向

在大多数的体育服务产品交易中，消费者总相信体育服务人员有提供预期服务结果的能力。体育服务人员在消费者心中应是该项目的专业人士，其外表形象、行为举止、内在素质和态度都必须符合消费者心目中的标准，有利于达成体育服务交易。因此，经营者应聘请体育专业技术人员来推销体育服务产品。

3. 注重良好形象的创造和维护

形象建立和维护在体育无形产品营销上是一个重要因素。首先，推销中展示出的形象应与顾客心目中的形象相一致，因为体育服务产品的高度非实体性意味着服务的名声和主观印象是营销所依赖的重点。其次，非营销人员影响力来源（如口传）在体育服务业营销上也不能忽略。因此，人员推销对体育服务行业的整体形象影响很大，顾客往往从推销员的素质来判断此单位的优劣。最后，体育无形产品推销人员的礼仪、效率、关心度和推销技巧都会影响或提升企业的形象，因而也在很大程度上决定着顾客的购买欲。

4. 推销难度大

由于缺乏体育服务产品相应的行业标准，消费者购买体育服务往往有一定的风险性。消费者从体育服务购买中所获得的满意度，常常低于对体育服务产品购买的满意度。这就大大增加了推销人员对体育无形产品推销的难度，因而体育服务业更应采取相应的策略，如要保证有对应的组织和资源，实行标准化服务，降低体育服务表现不稳定的风险，并对推销人员的执业资格进行认证，从而有利于增加促销机会。

三、体育产品与营业推广

营业推广又称销售促进，是企业为鼓励购买、销售商品和劳务而采取的除人员推销、广告和关系营销以外的促销方式。它是企业用来刺激早期需求或强烈的市场反响而采取的各种短期性促销方式的总称。这种方式常用于体育有形产品或体育服务产品的营销。

（一）营业推广的形式

在营销活动中，对消费者和代理商的营业推广有不同的方式。

1. 体育产品消费者的营业推广

（1）折价券

折价券是寄送给消费者的一种优惠券，消费者凭此券可按优惠价格购买某种体育产品或享受体育服务，这是一种刺激成熟品牌产品销路的有效工具。这种折价券可以放在某种体育产品的广告中，也可直接寄给消费者。

（2）门店产品陈列和演示促销

与上门推销正好相反，它是等客上门式的推销方式。为了消除消费者的疑虑，提高产品的知名度,可在销售点占据有利位置,进行橱窗陈列、货架陈列、流动陈列或在购买点进行现场演示。例如,聘用专业模特表演、举办体育时装发布会、聘请专业健美运动员现场演示健身器材的功能和使用方法等,都可增加消费者对体育新产品的认识,激发其购买欲望。

(3)有奖销售

消费者凭借购买某种体育产品的凭证,参与一定促销期限或促销数量的抽奖活动,通过收集某种运动饮料的包装或包装上的特制符号来兑换奖金等。

(4)赠送礼品

消费者在购买某种体育产品时免费附送一些小礼品,小礼品可直接附于体育产品包装之内,也可单独另外赠送。

(5)产品资料

免费向消费者赠送体育产品资料,以供消费者购买决策时参考。

(6)出售各类标志性产品

凡大型的国际体育健身盛会,体育用品生产商都会不失时机地利用出售带有各类标志的体育产品来促销。

2. 中间商的营业推广

(1)销售竞争

销售竞争是指为了促使中间商加倍地超额完成规定的体育产品推销任务而进行的一种竞赛,优胜者将获得现金、旅游、物品等奖励。

(2)津贴

体育企业为酬谢中间商增购某种体育产品,给予中间商商品推广津贴。

(3)展销会

这是针对中间商的一种重要营业推广形式。通过展销会,可充分展示体育产品,并可进行现场操作示范表演,加大市场渗透和市场开拓程度,随着我国体育产业的发展,定期举办的全国体育用品博览会产品种类越来越丰富,质量越来越高,成交额越来越大。

(4)协助经营

体育企业为中间商提供产品知识介绍,培训销售人员,提供市场行情,举办经销研讨会等,同时协助中间商改善经营管理,增强推销效果。

（5）列名促销

体育企业在广告上列出中间商门店的名称和地址，提高中间商的知名度，鼓励中间商以需定销，储存保销等。

3.推销员的营业推广

推销员营业推广的目标包括，寻找更多的潜在消费者，推销新产品和开拓新市场，推销积压产品和提高达成交易率。销售人员的激励一般采取的方式为：一是固定工资加奖金；二是提成制工资；三是固定工资加提成。

（二）营业推广的特点

1.随机性

营业推广是用以增进消费者购买和交易效益的促销活动，是非周期性发生的销售行为，常用于解决一些短期的、额外的、具体的促销问题。比如，当某竞争对手的体育产品推向市场时，可适时地举办一些营业推广活动，以巩固自己产品的市场份额。

2.灵活多样性

营业推广方式有很多，如赠送促销、折价券、竞赛、现场演示、联合推广。这些方式各有其长处和特点，可针对不同的促销对象、产品销售的不同阶段、市场环境的变化以及产品竞争的情况采取不同的方式，灵活地加以选择。

3.强烈刺激性

营业推广的许多方法往往把销售的产品在消费者的选择机遇前强烈地呈现出来，使消费者心理上产生较强的诱惑力，通过这种强烈的刺激，消除消费者的疑虑、观望的心理，能够迅速刺激需求，使潜在的消费者成为现实的消费者。

4.短期效益比较明显

营业推广是辅助性、非常规性的促销方式。营业推广方式只要选择和运用得当，其效果就能很快地在经营活动中显示出来，但几乎没有持久的效益，因而营业推广只适用于特殊时期和特殊任务的短期的具体目标。

体育企业正确运用营业推广，可以吸引消费者购买。这是营业推广的首要目的，尤其是可以有效地加快新产品进入市场的过程。由于营业推广的刺激比较强，较易吸引顾客的注意力，使顾客在了解产品的基础上采取购买行为，也可能使顾客追求某些方面的优惠而使用产品，可以实现企业营销目标。营业推广实际上是企业让利于购买者,有效地抵御和反击竞争对手的促销活动,破坏消费者对其他企业产品的品牌忠实度,从而达到本企业产品销售的目的;能稳定和推广自己的消费者队伍,巩固市场份额,也可以有效地影响代理商交易行为,保持与代理商稳定的购销关系。

营业推广的不足在于:营业推广只是广告和人员销售的一种辅助的非常规的促销方式,影响面有限;营业推广是企业为创造声势获取快速反应的一种短暂促销方式,刺激强烈,时效短,过分渲染或长期频繁使用,容易使消费者对商家产生疑虑,反而对产品或价格的真实性产生怀疑。

(三)体育产品与体育服务市场分销

分销就是体育企业通过市场把体育产品以最少的环节、最短的时间、最低的费用、最快的速度输送到消费者手中,其中要经过必要的流通渠道和销售环节,以实现商品从生产领域向消费领域的转移。

分销渠道是指体育产品从生产者向消费者转移时的流通环节,在多数情况下,这种转移活动是通过中间商来实现的,因此分销渠道也可理解为产品从生产领域经由中间商转移到消费领域的市场营销活动。分销渠道可以及时满足市场需求,加快产品流通速度,缩短产品流通时间和扩大再生产的周期;减少商品流通的资金占有;减少不必要的经营机构和人员,节约流通费用;密切产销关系,加强信息反馈,便于企业根据市场需要组织货源,安排生产,增加适销对路产品,提高产品质量。分销模式一般有以下两种:

1. 直销

直销是一种古老的销售方式和促销手段,传统的直销方式借助广告媒体,不通过任何中间商,将商品直接销售给消费者,是一种守株待兔式的消极被动的销售方式。随着经济的不断发展和劳动生产率的迅速提高,社会产品日益丰富,品种更加齐全。其间各种广告媒体日臻完善,信息传播渠道越来越多,商品市场十分繁荣。直销作为一种古老的销售方式在现代市场经济条件下被赋予新内容。但是,以直销形式销售的商品也具有特殊性,即直销商品必须是消费频率高的日常生活消费品,必须是新产品或专利产品,只有这类消耗量大、利润低、流动快的商品运用直销方式销售,其效益才十分显著。

多层网络直销是一种现代直销方式,已被世界许多国家和地区广泛采用。自

20世纪90年代后,多层网络直销方式传入中国,一些中外合资企业正以这种对中国人来说极为陌生的方式销售产品,给中国传统的销售渠道和营销方式带来极大的冲击。多层网络直销具有高效、有序、机动、灵活的组织形式及其运行规定,因而具有强劲的商品市场渗透力,能产生高效率和高效益的商品销售。

21世纪是高科技迅猛发展的时代,特别是互联网技术的发展和网购服务的完善,网上购物成为人们日常购物的常态。这些条件决定了现代直销方法将对传统的营销方法带来巨大的影响,也将会引起营销方法的大变革。

2. 中间商销售

中间商是指在生产企业和消费者之间参与商品交易业务,以促成商品交易达成的具有法人资格的经济组织和个人。中间商是渠道功能的重要承担者,中间商可以全部或部分参与分销渠道的实物流、促销流、市场信息流,是连接生产者与消费者的中介环节。

(1) 中间商的形式

①批发商

体育产品批发商按经营范围,可分为体育消费品批发商和体育产品生产资料批发商;按经营种类,可分为健身营养品、运动服装、运动鞋帽批发商和体育器材批发商;按服务地区,可分为全国性批发商和区域性批发商;按其所发挥的作用,可分为综合服务批发商和专业服务批发商,其中有承包批发商、现货代运批发商、现货自运批发商等。

②零售商

零售商是销售渠道的最后环节,与消费者关系最为紧密。体育产品的零售类型相对较稳定。一般来说,体育消费用品在各大型商场都有专柜,而体育服装、运动鞋帽、运动包、体育器材等以专卖店零售形式为多见。

③代理商

代理商是一种独立的中间商,主要是接受别人的委托,有偿帮助委托人从事销售或买卖。他们不拥有产品的所有权,也不直接承担经营风险,但对生产企业承担较多的义务,根据合同或协议在商品销售后由委托人或单位付给劳务费。在体育产品营销中,通常有企业代理商、商店代理商、寄售代理商、独家代理商和经纪人等。

企业代理商：企业代理商是企业的代理人，按照双方签订的代销合同负责代销企业的体育产品，在与消费者或用户达成买卖协议或办完销售手续后，可由企业直接发货或消费者直接到企业提货。

商店代理商：负责代理体育用品零售商店进货、验货、存货、发货等，以使体育用品零售店减轻负担、扩大业务、提高效益。

寄售代理商：代销商为受托人代为销售，是受委托进行现货的代销业务，根据双边签订的协议，企业向寄售商交付体育产品，等货物售出后，再由受托人将货款扣除寄售佣金及有关费用后交付给企业。

独家代理商：是指代理人与生产企业签订代销合同，负责销售生产企业的各类体育产品，在协议规定的地区和期限内，对指定商品享有专营权，即委托人不得在规定范围内自行或通过其他代理人进行销售。

经纪人：体育经纪人是从事体育赛事、体育组织品牌包装、经营策划、无形资产开发及运动员转会、参赛等活动的人员，也指在取得合法资格后，从事居间、行纪、代理等经纪业务的个人或组织。在发达国家，体育经纪人在体育无形产品经营或运动员转让等活动中起着重要作用。

（2）中间商的功能

中间商在商品流通中发挥重要作用，主要有以下四种功能：

①提高销售活动的效率

中间商一般比生产者更熟悉市场行情和销售业务，是专业化的买卖行家。他们有广泛的销售网络，灵活高效的现代通信设施，因而可以加速商品周转、降低费用，为企业解决产品销售的问题，使生产厂家专注生产；中间商可以同时销售很多厂家的商品，消费者在一个中间商那里就能比较很多厂家的商品，节约了时间；中间商也促进了跨国交易和全球贸易的发展。

②集中商品的功能

根据市场需求的预测，中间商从不同的生产厂家购买产品，再将产品分销到消费者手中，在这个过程中，中间商要储存、保护和运输产品。

③平衡供求的功能

中间商了解消费者的需求、市场的信息、同类产品各厂家的情况，向厂家反馈信息。根据市场需要，向市场投放企业、零售商和顾客需要的商品，从品种和数量上平衡市场供求。

④监督检查产品

中间商在从生产企业购买产品时就考察了企业的产品质量，在向消费者销售产品时，会向消费者介绍各厂家的特点。无形中传递了信息，促进了竞争，有利于产品质量的提高。

（四）分销渠道选择的影响因素

在社会主义市场经济条件下，体育企业将会以独立的商品生产者和经营者的身份进入市场，从事市场营销活动。因此，选择合理的分销渠道是加快体育产品流通，提升企业市场适应能力和应变能力的有效途径。选择合理的分销渠道，对体育产品销售的顺利实现起着积极的影响作用。影响分销渠道选择的因素有以下四点：

1. 目标市场因素

目标市场的状况如何，是影响企业分销渠道选择的重要因素，是企业分销渠道决策的主要依据之一。市场因素主要包括以下四点：

（1）目标市场范围的大小及潜力

市场范围广的体育产品，如常用的各种球、球拍、泳衣、运动服等，需通过中间商经销；反之，则采用直接渠道销售。市场需求潜力大且集中，则直接销售；反之，则间接销售。

（2）市场的集中与分散程度

企业可向商品销售市场比较集中的地区直接供应产品；对于分散生产、分散消费的商品，通常采用中间商销售。

（3）顾客的购买特点

目标顾客购买批量大、频率低、形式单一，且购买相对稳定，企业可采取直接分销或选择最短间接渠道；反之，则采用广泛的分销渠道。

（4）市场竞争状况

企业应了解目标市场上竞争对手的渠道策略，灵活地选择分销渠道，或针锋相对，或避其强势，选择调整本企业的分销渠道。

2. 商品因素

由于各种体育产品的自然属性、用途等不同，故采用的分销渠道也不相同。

主要包括以下五点：

（1）商品的性质

对于体积大的笨重商品，可采用直接分销渠道；反之，则采用间接分销渠道。

（2）商品的时尚性

对于流行性、时尚性强的商品，应采用直接分销或短而窄的渠道；反之，则采用间接渠道。

（3）商品的标准化程度和服务

对于标准化程度高，要求提供较少服务的商品，可选择间接分销渠道；反之，则采用直接分销渠道。

（4）商品价值

对价值高的商品，采取直接渠道，以保证安全；反之，则通常采用间接渠道销售。

（5）商品市场生命周期

新产品投放市场，由于风险大，在投入期和成长期，企业可以组织分销队伍直接分销；成熟期商品，可选择长而宽的分销渠道；衰退期商品，厂家可采用缩减中间商的分销策略。

3.生产企业本身的条件

（1）企业的生产规模

生产规模大、实力雄厚的企业，可自由选择分销渠道，通常倾向于采用直接或短渠道；规模小、实力弱的企业只能通过中间商进行间接分销。

（2）企业的声誉和形象

有良好声誉和形象的企业，不仅可以自己建立分销网络销售，而且中间商也愿意经销。

（3）企业的经营能力和管理经验

企业经营能力不足，缺乏市场营销经验和推销技巧，适宜采用经过中间商的间接销售渠道；反之，则采用直接分销渠道。

（4）企业控制渠道的程度

企业为了实现有效地控制分销渠道的目标，一般不惜付出高昂费用，采用直接分销或短分销渠道，以控制零售价格，并进行有效的宣传推广。

4.环境特点

环境特点指企业营销所面临的外部环境，如政治、法律、经济、竞争、科技、社会文化等因素也影响分销渠道的选择。当市场需求下降，企业都希望减少中间环节，采取直接分销的方式以降低费用，提升产品在价格上的竞争能力；若经济增长、需求增大，厂商可与中间商广泛协作，以扩大销售。

（五）体育服务产品分销

在体育市场中，除了体育有形产品的营销外，还存在体育服务的营销问题，营销中的体育服务是指需要通过市场交换实现其价值的体育无形产品，这种无形产品是能够满足人们某种需求的活动。根据人们对健身服务的消费、购买特点的不同，可划分为以下三种类型：

第一，方便劳务。是指顾客需要经常消费，且能方便地购买到的劳务。这类劳务价格比较低廉，其销售取决于三个因素：地区引力、场所引力和位置引力。例如，在人口密集的城市中心，拥有各种运动场地的学校或单位，利用位置优势举办武术、球类、游泳、健美等各种培训班，能吸引大量居民参加。因此，地区、场所和位置对这类劳务的价值实现非常重要。

第二，选购性劳务。是指消费者在比较价格、质量和信誉后才购买的劳务。即消费者在购买各种各样的体育健身产品时，对这类劳务的价格和质量非常注意，而地区、地点对于购买者并不十分重要。

第三，特种劳务。是指顾客为满足最高标准需求，愿意花费较大的精力去选购、愿意支付较高的费用去获得的劳务。这类劳务顾客最关注的是其质量、功效，而较少去计算其价格和地理位置。例如，一种功效奇特的康复器材，一所疗效显著的运动性疾病康复医院，一所成绩显赫的运动学校等，人们愿意付出高价来寻找它。作为营销者，除保证这类劳务的质量、功效外，还应注重利用口头宣传形式，尽快让顾客了解购买服务以后的受益程度以及达到目标所需的时间等。

在体育服务产品营销过程中，应注意以下五个问题：

1.收集市场信息

在体育劳务市场中，听取消费者的意见是信息来源的一个重要组成部分。这样，营销者就可以了解到消费者的需求，以更好的方法来满足顾客的需要，从而获得更多的利润。

2. 确定目标顾客

随着经济的持续发展和人民生活水平的不断提高，人们对体育健身的需求呈多样化增长，体育健身服务作为劳务的一种，在我国呈现出广阔的发展前景。体育经营者应根据自身能力，针对体育服务的营销特点，确定体育服务消费的目标顾客。

3. 发挥多样性体育服务产品的作用

对于体育服务这种无形产品，人们在购买之前不能对它进行检查、比较和评价，所以多数顾客只是凭借经验、品牌和宣传信息来选择服务商，并往往要求在同一时间、同一地点能够方便地购买到多项服务。因此，经营者应尽可能发挥多品种服务营销的综合效应。

4. 灵活定价

服务通常不使用"价格"这个词来表达交换价值，而使用什么费、什么率、租金、利息、佣金、费用等词。对于体育服务项目，很难规定它的价格，故体育营销者应综合考虑劳动、资本、时间、地点、场合等因素来确定体育服务产品的价格。

5. 善于促销

体育服务产品属于无形产品，需要营销者以既婉转又吸引人的方式宣传。所以，宣传内容的设计应以能给消费者带来什么好处、怎样使消费者的需要得到满足为基本原则。

第五章 客户服务管理

对于体育企业来说,客户至关重要,在体育企业创业之前,要了解相关的客户服务管理知识。对客户而言,是否会选择企业提供的商品或服务,在很大程度上取决于企业提供的服务是否能充分满足客户的需求。在我国社会主义市场经济不断发展的背景之下,企业和产品之间的服务差异缩小,企业之间的竞争力度在不断加大,强化优质服务、加大服务质量是企业应对当前市场竞争形势的重要措施。在体育企业创业的过程中,需要"以客户为中心",落实服务方式,明确服务内容,加强服务管理。

第一节 客户服务

美国服务业管理专家卡尔·艾伯修的"服务金三角"的观点指出,任何一个服务企业要想获得成功,必须具备三大要素:一套完善的服务策略;一批能精心为顾客服务、具有良好素质的服务人员;一种既适合市场需要,又有严格管理的服务组织。它是一个以顾客为中心的服务质量管理模式,由服务策略、服务系统、服务人员三个因素组成。这三个因素都是以顾客为中心,彼此联系,构成一个三角形。

一、客户服务概述

根据 GB/T19000—2000(质量管理体系)标准给出的定义,客户是指接受产品或服务的组织或个人,客户可以是消费者、委托人、最终使用者、受益方或者采购方。服务即商品,其价值在服务的提供和接受中产生。相较于实物的买卖,服务仅是人与人之间过程关系的一种转换,提供的价值以产品为主导变成以服务为主导。1960年美国市场营销会(AMA)最先给服务下的定义为:"用于出售或是同产品连在一起进行的出售活动、利益或满足感。"1990年，格鲁诺斯（Gronroos）给"服务"下的定义是："服务是以无形的方式，在顾客与服务职员、有形资源等产品或服务系统之间发生的，可以解决顾客问题的一种或一系列行为。"当代营销学专家菲利普·科特勒（Philip Kotler）给服务下的定义是："一方提供给另一方的不可感知且不导致任何所有权转移的活动或利益，它在本质上是无形的，它的生产可能跟实际产品有关，也可能无关。"

服务是什么？不同的对象会有不同的答案，没有一个统一的概念。但是，无论是生产制造企业，还是服务企业，在理解服务时，都不应该从服务提供方的角度，而应该从客户的角度，从消费者的角度出发。因此，对服务的理解，简单的就是感知了客户的需要，并达到顾客的期待。

服务可分为三个层次：基本服务、满意服务、超值服务。基本服务是指顾客的基本物质价值利益得到满足的服务。满意服务是指在顾客基本物质价值利益得到满足的前提下，服务方提供的服务还使得客户得到精神方面的满足。超值服务是指顾客除获得基本物质价值利益外，还获得具有附加值的服务。

二、客户服务的作用

企业想取得更大的市场，除了价格优势、产品优势外，还要有差异化的优势。客户服务工作就是一项差异化优势，要用优质的、有特色的客户服务使企业在当前竞争激烈的市场竞争环境中立于不败之地。具体来说，有以下四方面作用：

（一）提升企业的整体形象

客户对一家企业的产品是否认可，在很大程度上取决于企业人员在服务开展过程中所展示出的良好形象，客户对企业人员产生了良好的印象，就会对企业的产品和企业产生认同感。企业通过提供客户优质服务来提高客户的满意度，能帮助客户不断强化对产品的认识和情感体验，也能使客户在使用产品的过程中对企业的整体形象有更加全面的认知，这对于提升企业的整体形象有积极的作用。

（二）保留客户

在激烈的市场竞争环境下，企业在吸引潜在客户的同时，同样会面临客户不断流失的问题，即使通过加大促销力度等方式来提升市场营销的效果，吸引了大量潜在客户，扩大后的客户群体规模也很难长期保持下来。将优质的客户服务与市场营销相结合，则可以在吸引潜在客户的同时，通过高质量的客户服务提高客户忠诚度与满意度，降低客户流失速度，解决客户流失问题，从而保证市场营销的效果，维护客户群体的稳定。

（三）提高营销决策水平

在现代企业经营管理过程中，营销决策通常需要以行业市场变化及客户实际需求为重要依据。由于不同客户的产品、服务需求存在明显差异，而客户服务人员对客户信息、客户意见、客户服务需求等情况了解得比较清楚，可以为企业的营销决策细节优化提供支持，有助于有关决策人员针对不同客户群体需求制定详细、准确且符合的营销方案，提育企业整体营销决策水平。

（四）有助于促进营销目标的实现

企业的各项活动都是围绕企业营销目标的实现而开展的。传统企业管理模式过度关注营销目标而忽视服务质量，导致企业的营销活动受到很大影响。强化优质服务可以促使企业人员以更加积极的态度对待工作，对促进企业营销目标的实现都能产生积极的推动作用。

三、提升客户服务措施

（一）增强团队服务意识，提高服务质量

客户服务主要通过员工与客户的直接沟通来实现，客户对企业的产品是否认可，在很大程度上取决于企业在服务过程中所展示出的良好形象，一旦客户对某一家企业服务人员产生了良好的第一印象，他们就会对企业的产品和企业产生认同感，服务团队直接决定服务质量。培训是增强团队服务意识，提高服务质量的有效手段。从企业经营理念、价值观、专业技能等方面开展培训，注重服务过程中的细节，强化服务人员的服务意识、服务的沟通、服务的流程、服务的人员的技能、良好的态度和礼仪等环节。要将提升企业人员的服务意识作为一项重要工作。

培训工作是一项长期的任务，是企业的一项重要工作，应由运营经理和市场

经理负责，并结合企业服务工作开展的现状，从问题和不足出发，将最新的服务管理理念充分融入培训活动中，深入到客户中，围绕客户的需求来对管理活动进行必要的优化和改进。通过成立培训中心，搜集一线服务团队的培训需求，将培训课程、培训监督考核等定期化，由负责培训的人员监督每次培训的结果。客户的满意度始终建立在员工优质服务的基础之上，强化每一名服务人员的认识，使服务人员认识到在目前市场竞争形势日趋激烈的背景下，只有借助优质的产品和服务质量才能赢得客户的信任。

（二）构建服务流程

体育服务企业出售的产品主体，就是服务人员在体育场所内向娱乐消费者提供的各种体育健身服务，企业的生产管理就是服务管理。客人对服务产品质量的要求包括技术性质量和功能性质量两个方面。技术性质量是指客人与娱乐企业之间交易后所得到的实质内容，如得到预先约定的内容，其质量可以通过客观的方式加以评估，如体育企业提供的设施设备的质量、时间是否合乎约定。而功能性质量是指服务的技术性要素的转移。这方面的质量不易进行客观的评估，但是客人对娱乐产品评价的重点。服务流程或消费过程的设计，是企业服务管理的基本步骤，是控制服务质量的重要手段。服务流程设计工作的两大任务为：一是确定每个项目服务过程中应包含的服务内容；二是确定各项目所有服务的提供方式。

服务流程设计应掌握的原则包括以下五点：

第一，管理人员必须通过市场调研深入了解顾客的需要，并根据客人的普遍要求设计服务的内容和方式。只有那些符合客人需要的服务设计，才是必要的和有意义的设计。

第二，服务过程的设计必须能够最大限度地方便客人。这包括消费程序的设计应尽量减少服务前后的手续环节，避免客人履行过多的复杂手续；在设计服务方式时，要从客人的立场出发，研究每一个服务细节应在什么时间、什么地点、什么情况下提供最合适。

第三，尽量考虑给客人以舒适的感觉和尽量多的精神享受内容，如高标准的礼仪设计和周到入微的服务设计等。

第四，设计服务人员与客人之间的互动交流程序。如询问客人的需求，向客人介绍健身方式和规则以及以适当的方式鼓励、安慰客人或分享客人的快乐等。

第五，制定岗位标准的工作程序和服务规范，明确划分各种服务岗位，不同的岗位有不同的服务规程。如球场服务员服务规程包括以下两点：一是服务员的职责规范，保持前台区域的清洁卫生；热情迎接客人，向客人介绍活动项目；准确记录客人的活动要求，并及时通知其他岗位服务员做好接待准备；接受客人的寄存物品；接受客人的预约。二是服务规程，换好工作服，准时签到上岗，并做好员工的考勤记录；查看交班记录本，完成上一班未完成的工作，清点钥匙，检查存放物，整理服务台；做好本岗位卫生工作，日常卫生需在规定时间内完成；客人来到球场，主动迎接，收取会员卡，记录消费记录，并提供更衣柜钥匙；对第一次来访客人询问客人人数和运动项目，指定服务人员为客人服务；客人的预约内容必须登记在服务记录册上，如隔天预约，须交班，会员来去情况设专册登记；营业中注意掌握客人和员工的动态，有特殊问题及时上报；为客人提供租用的物品，指引客人进入球场运动；营业结束后，将客人租用物品存放整齐；填写交接班记录，关好电源开关，锁门下班。

（三）制定服务标准

企业的服务质量标准是一个描述体系，具体阐明企业经营者对每个岗位服务人员的服务工作所产生的服务效果及服务效率的要求。它与服务规程不同，它不是告诉服务人员服务工作应该怎样做，而是规定员工工作时在遵守服务规程、操作规程的基础上应达到的服务要求。一般包括卫生要求、安全要求、服务态度要求、服务效率要求等。质量标准是服务过程中的质量有效控制的首要条件，所有的质量控制工作都以这种标准为依据。如企业的卫生标准：营业场所环境必须装饰品完好美观，天花板、墙面、楼梯等无表层脱落，无裂痕，无污迹，无蛛网；家具陈设整齐，无尘，无破损；照明灯、装饰灯完好有效，无灰尘，无污迹；地面平整，无破损，无卷边，无变形，无污迹，无异味，干净，光亮；公共区域干净无尘，无污迹，无毛发，镜面明亮完好，室内空气清新无异味；管道无滴漏，无阻塞，水质清澈；电话机完好清洁，经消毒，无异味。场所内干净，无垃圾，花木、盆景修剪效果好，无枯枝败叶，无灰尘，无昆虫。

营业场所内客用设备及用具必须经常清洗消毒，做到无尘，无污迹，无超标细菌。场地内与客人皮肤直接接触的设备一客一消毒，或换场消毒。

服务人员在岗位上必须保持个人形象的卫生。员工每天洗头、洗澡，无头屑，无体味。工作服应经常更换，领口、袖口无污迹，并且着装挺括规范。皮鞋光洁，袜子无破损。不留长指甲，女服务员不用有色指甲油，双手保持清洁。

制定企业的服务质量标准时应注意以下三点：

第一，服务质量标准应使用明确数据来表达，尤其是效率要求。如客人莅临场所，应在30秒内得到服务人员的问候和接待，在营业高峰期也不得超过60秒；电话铃声响三声之内必须接听；微笑迎接客户，露出6颗牙齿。

第二，质量标准中描述性的语言应具体、准确。如对服务态度的要求应明确规定在什么时候应该微笑、站立或每个环节的服务语言。

第三，企业都应根据具体市场定位情况及主要客源的需求情况制定其服务质量标准，不能完全照搬其他企业的质量标准。

（四）服务质量评估

服务产品的生产过程和消费过程是同步的，服务人员的服务产品质量通常要在服务结束后才能衡量，因此，在服务质量的控制过程中，对服务产品质量进行客观的评估是非常重要的。服务质量指的是顾客支付和回报的对等价值，与服务期望以及服务结果有关。服务质量是评价出来的，与同客户主观感受有很大关系。这种评估都以客人在消费结束后对所消费的服务产品的反映和评价为依据。服务质量评价存在多种标准，具体来说，有如下四种：

1. 客户评价

客户评价指的是客户对企业提供服务的质量期望和满意度的评价标准，这一层面的标准是企业提高自身服务质量的关键。

2. 同行比较

对比分析本企业的服务产品和同行业优秀的服务产品，寻找自身服务产品的优劣性，进而得出服务质量优化策略。

3. 绩效目标

绩效目标指的是企业经营战略的制定中为了达到服务质量的要求将企业服务绩效和服务计划值做比较，为优化企业服务做保障。

4. 自我对比

自我对比指的是企业在服务于管理的活动中将当前的企业服务水平和之前企

业服务最高水平对比，寻找其中的缺陷，进而确定优化企业服务质量的措施。

服务质量模型（SERVQUAL）是依据全面质量管理（Total Quality Management，简称 TQM）理论在服务行业中提出的一种新的服务质量评价体系，近十年来，该模型已被管理者和学者广泛接受和采用。该模型以差别理论为基础，即顾客对服务质量的期望，与顾客从服务组织实际得到的服务之间的差别。SERVQUAL 模型将服务质量分为五个层面：有形设施、可靠性、响应性、保障性、情感投入，每一层面又被细分为若干个问题，通过调查问卷的方式，让用户对每个问题的期望值、实际感受值及最低可接受值进行评分，评价顾客所接受的不同服务的服务质量。

四、解决客户投诉

服务中有可能会收到客户的投诉，产生投诉的原因包括多个方面，主要原因是顾客对所得到的服务满意度小于期望值。当顾客得到的服务满意度小于期望值时，就认为一定会产生抱怨；当这种抱怨的情绪在某一方面超过临界值时，便会投诉。客户投诉处理不当，对企业社会声誉、客户信任以及同业合作都会产生负面影响。因此，企业应该重视投诉及纠纷，积极主动地进行妥善处理。首先，要积极做好投诉预防工作。强化制度建设，要加强内部管理，做好员工岗前、岗中培训，制定科学合理的人员日常行为规范，完善规章制度，强化管理，建立完善的绩效考核机制。其次，在发生投诉事件时，要抓紧开展补救工作。

（一）处理投诉的原则

不扩大事态，不激化矛盾；依照国家的有关法规和本企业的有关规定；兼顾企业、客户、服务员三方面的利益。

（二）处理投诉的方法

1. 明确角色，摆正关系

一般情况下，客户提出投诉都是有原因的：或是对硬件设备不满意，或是对软件，即服务态度、服务能力不满意。因此，企业应当把处理客户投诉当成改进工作的契机，管理者和服务员都应当摆正与客户之间的服务与被服务的关系，自觉地站在客户的角度，设身处地换位思考，宽容大度，能忍受暂时的委屈，对能够改进的工作，要立即改进；对暂时改进不了的，也应当委婉地向客户解释清楚。

2. 态度诚恳，热情接待

一般情况下，面对客户的投诉，首先应该以诚恳的态度热情接待，尽量本着大事化小、小事化了的原则来处理投诉。对于给客户造成损失的，要道歉或赔偿。这样做能在一定程度上纠正工作上的偏差，堵塞漏洞。营业场所内如果碰到情绪激烈的顾客，则应先设法稳定其情绪，可以先请他离开事发现场，再做进一步处理，以免事态扩大。要注意不可态度冷漠使顾客难堪。

3. 不同情况，区别对待

一般的客户投诉包括以下四种：建设性意见、希望得到尊重的投诉、要求得到补偿的投诉以及特殊投诉。对于具体的投诉意见，应在了解事实的基础上具体分析，然后采取有针对性的措施，实施处理投诉的有效方法。

在经济高速发展的时代，客户是企业最宝贵的资产。客户关系不是一朝一夕就能维护培养出来的，客户服务工作是企业的一项长期工作，是企业长期生存的命脉，稳定的客户群体才是企业发展的基础。俗话说"创业难，守业更难"，建立完善的服务体系，维系和客户的关系，做到来一个客户、留住一个客户，建立更多的企业忠诚客户，提供客户优质服务，提高市场营销管理水平，并以此赢得客户的信任，占据市场份额，是企业最终的目标。

第二节 客户关系管理

客户关系管理（Customer Relationship Management，简称 CRM）是指企业在市场竞争中，通过使用相关的客户信息管理技术优化与客户在买卖、营销、服务上的互动，提升企业管理能力，为企业客户提供创新性、个性化的购买体验和服务感受，进而提高客户满意度，最终提高企业的竞争力的一种手段。

一、客户管理与客户服务的区别

（一）主动性

在传统客户服务中，交易结束后就不再有客户服务，或者只是节日时问候一下，只要客户不来找问题，就不会有联络，客户关系是被动的；客户关系管理则是主动的，主动询问和跟踪客户对企业产品的使用情况，积极解决问题，主动联络，促使客户再度上门。客户关系管理理论认为，主动与被动的差别，就是客户忠诚与疏离的差别。

（二）客户态度

传统客户服务认为交易结束后与客户的联络是因为产品或其他方面出现问题，有问题需要解决，是交易后的负担，在认知和态度上是消极的。但在客户关系管理观念下，客户的疏离比抱怨更可怕，要将客户的疑问和抱怨视为机遇，积极化解客户的不满与失望，在不断接触联络的过程中，提升客户对新产品的兴趣，创造对新产品的期望，提高客户的忠诚度。

（三）营销关系

传统客户服务与营销是分开的，营销是销售人员的任务，客户服务是后勤人员的任务。客户关系管理则是将营销与客户服务合为一体，客户服务也是营销手段的一种。客户关系管理观念建立的客户服务中心以新的技术手段进行销售，依照客户需求提供个性化的服务。

从以上客户关系管理与传统客户服务的比较来看，两者涉及观念、态度和体系等方面的不同。在新时代，传统的客户管理已经转变为系统化客户关系管理，是崭新的营销手段。客户关系管理的核心是客户价值管理，通过"一对一"营销原则，满足不同价值客户的个性化需求，提高客户忠诚度和保有率，实现客户价值的持续贡献，从而全面提升企业盈利能力，而客户服务是客户关系管理的内容之一。

二、客户关系管理的功能

（一）客户关系管理实现企业管理模式的转变

客户关系管理使企业管理的视角从"内视型"向"外视型"转变，使企业从以产品为中心的模式向以客户为中心的模式转变。在这个经济高速发展的时代，产品差异优势的形成越来越困难，客户服务管理面对的状况越来越复杂，客户关系可谓商家最宝贵的资产。维护客户关系，最基本的是要有长期观念，客户服务正慢慢成为一种为所有公司创造竞争优势，加强服务管理，提高客户满意度的服务,成为提高企业竞争力的重要决策,是适应现代经济竞争变化的产物。

客户关系管理清楚地表明企业应从注重内部运作转移到客户关系上来,通过分析客户需求、选择目标客户、发展目标客户和维持客户关系等一系列管理手段来加强企业与客户之间的互动,强化两者之间关系的稳定性。从与客户的接触中了解他们是谁、如何联系、个人喜好及购买习惯等,并在此基础上进行"点到点"的个性化服务。

（二）客户关系管理重塑企业营销服务

客户关系管理中通过新的业务模式（电话、网络）等,方便客户访问企业,进行业务往来,提高效率。企业也可以利用客户关系管理系统,全面搜集、追踪和分析每一个客户的信息,直接或间接收集客户反馈和服务,能够针对存在的问题制定切实可行的解决方案,改进和提高服务质量,建立客户忠诚度,从而保留客户,能够对各种销售活动进行追踪,分析哪种产品受欢迎、原因是什么,准确定位产品或服务,提升对市场活动、销售活动的分析能力,及时把握新的市场机会,了解竞争环境、识别潜在客户和新需求。客户关系管理还能观察和分析客户行为对企业收益的影响,通过管理与客户间的互动,实现最终双赢的效果。

（三）客户关系管理提高企业利润

客户关系管理的建立,提供了一个收集、分析和利用各种方式获得客户信息的系统,它是一种全新的商业战略和方法,不仅能促进企业的实际业务,提高企业的客户服务水平,而且能主动出击寻找客户和稳定客户,成为一个"利润中心"。具体来说,它包含三个方面的工作：一是客户服务与支持;二是客户维系;三是商机管理。对企业前台的销售、市场、客户服务及技术等业务部门而言,客户关系管理是企业各业务部门可共享信息和自动化的工作平台。做好客户关系管理,可以协调和改进原有的业务流程,采用新技术手段,实现企业范围内的信息共享,使企业内部更高效地运转。使企业所有的业务环节能够更好地满足客户需求,降低企业运营成本,提高效率,从而达到留住现有客户和发掘潜在客户并提高企业营利能力的要求。

（四）客户关系提高企业的竞争力

客户成了企业生存的基础,企业拥有客户,才能谈得上获取利润;反之,则将丧失利润的来源。竞争导致争取新客户的难度和成本上升，对企业来说，留住老客户的价值要远远大于去争取新客户的价值。越来越多的企业把重点转向提高原有客户的忠诚度和发展新客户上。拥有客户就意味着拥有市场，把握住客户的服务需要，并与客户建立牢固的关系，维持客户的忠诚度，就能获得竞争优势。在吸引并留住新会员的同时，与商业伙伴和老客户保持良好的关系，以期最大限度地挖掘和协调利用自己的资源，包括信息资源、客户资源、人力资源等，拓展企业的生存空间，提升企业的核心竞争力。

三、体育服务营销

体育服务营销是指体育企业通过关注客户的相关需求，建立与客户和其他利益相关者的关系，并在客户与企业及其产品之间建立新的关系，增加客户价值，最终完成交易的营销手段。

（一）体育服务营销的特征

1. 难以评估性

服务产品是无形产品，在企业提供服务之前，客户很难评估其质量和影响。客户对服务的感知来自服务设施及人员等方面，如体育场所的环境、运动氛围以及工作人员的服务态度等。体育专业技术人员服务的专业性直接影响客户的期望和服务产品的决策，不同的企业提供不同级别的服务，客户的价格也会不同，客户服务的质量只有在购买和使用时客户才能体验，不同客户对服务质量的理解也不尽相同，使得服务营销具有难以评估性。

2. 特异性

服务产品的购买者可能是社会中的个体，也可能是社会中的组织，他们拥有不同的身份背景、不同的性格特点、不同的消费习惯、不同的购买动机，服务营销的对象是复杂的。

3. 需求弹性大

体育服务产品是一种继发性的需求，人们对服务的需求会受到很多因素影响，如经济状况、闲暇时间、天气因素、季节变化等因素都能影响到客户对体育服务产品的需求，导致体育服务需求弹性很大。

4. 无形性特征

体育服务产品和实物产品最大的区别在于无形性，和实物的可见性有着本质的不同，这就导致企业在进行服务营销时不能像进行实物产品营销时那样大规模地依赖于广告建立自己的销售渠道。体育服务产品的客户更多地相信自己的体验，这就要求服务提供者必须准时地按照事先约定的方式保质保量将服务提供给客户。

5. 易逝性特征

体育服务营销在服务结束后即宣告服务终止，其间没有发生实物的转移，不能像有形产品一样获得保存，服务质量感受也容易消失。因此，企业需要保持客户对体育服务的持续性的忠诚度。

（二）体育服务营销的策略

1. 细分客户群体

对客户进行分类的目的有两点：首先，进行客户分类，可以对不同的实施客户差别化管理，使企业营销工作有的放矢，集中企业有限的资源获得最大的收益。其次，企业可以根据现有的客户信息对客户的价值需求做出及时的反应，重新设计服务行为，有助于企业在特定的经营环境下制定合适的经营战略。

由于体育产品门类繁多，服务需求多样化，对客户群体进行合理细分，要针对不同的客户群体采取差异化的客户服务及市场营销策略。从客户服务的角度来说，通常可根据客户的消费水平、消费习惯等情况进行准确的价值评估，再根据客户价值为其划分层次，根据不同层次的客户制定相应的客户服务体系，使客户服务更加精细化，更具针对性，同时实现对客户服务资源的高效利用。对于最具增长性的客户，企业要保持与其建立良好的关系，采取发展的战略；通过抢占高端客户去提升企业形象等。

客户的分类不是一成不变的，尤其是体育服务类项目，体育消费潮流在市场的环境下不断变化，客户需求很难预测。因此，从发展趋势去看，需要引导和培育客户，加强与客户之间的互动，与客户形成紧密关系。

2. 根据客户需求分析准确定价

产品价格不仅是消费者非常关心的问题，也极大地影响企业的利润及企业在市场上的竞争地位，是提高客户满意度、占领市场的重要因素。体育产品有着不同于其他有形产品和服务产品的特点，企业的定价策略必须依据企业产品自身的特点、市场需求情况以及企业在市场中的地位等因素来确定，并根据不同的情况，运用多种科学方法来定价。通过市场调查了解同行竞争者的产品价格，或对客户服务中掌握的客户整体需求情况及不同客户群体的具体需求展开分析，明确不同客户群体的产品预期价格、可接受价格，为提供产品定价决策提供重要参考，使有关决策人员能够根据产品特征及目标客户群体需求确定合适的市场价格。

3.建立协同工作机制

依托企业内部的办公信息系统，建立信息共享平台与数据库，将在客户服务工作中收集、整理得到的客户反馈信息及市场营销工作中的市场调查数据信息存储到系统中，使有关工作人员能够迅速获取到想要的市场变化信息、客户需求信息，为客户服务与市场营销两项工作的协同开展提供重要的基础支撑，实现协同工作机制。公司的市场部是业务发展的主要部门。作为营销部门的关键，客户服务要与客户保持联系，通过沟通直接识别客户需求，帮助客户解决现实问题，提供让客户满意的服务。客户服务部门和市场营销部门需要树立客户服务理念，提高客户服务质量，实施以人为本的可持续发展战略，持续管理和改进企业服务和营销，解决问题，提高客户服务质量，提高客户满意度。

4.规范客户关系维护的基本准则

建立客户关系维护的基本制度和流程，规范客户关系维护的基本准则，建立客户信息和客户需求数据库，以个性化的推荐与沟通，实现传统企业一对一的客户定制。关注客户感情，关注和维护客户情感是逐渐赢得客户信任的方法。合理地使用客户关系管理系统工具，可以采用客户拜访、客户关怀、客户反馈、客户满意度调查等方法进行客户关系的维护工作。企业需要将每位客户视为一个潜在的细分市场，以差异化的方式开展精准营销。针对每位客户的需求实施客户定制，并具体到个人的产品和服务内容，满足客户需求。依托现代信息技术实现可衡量与高绩效的个性化沟通，深度挖掘企业客户的生命周期价值，提升客户的产品忠诚度。

5.建立绩效考核制度

绩效考核的最终目的是监督并纠正员工的错误，强化团队的协作能力，促进团队的整体执行能力提升，优化企业的标准流程，完善企业的服务体系。采取的措施包括构建与健全动态与实时的绩效管理系统。在构建考核绩效指标的过程中关注获取长效的利益等层面，同时要优化评价考核系统。制定指标时，要了解员工的思想动态，制定的指标需要得到大多数员工的认可；加大宣传的力度，使员工深入地认知有关绩效管理方面的内容。

绩效考核分为基础绩效考核和业绩考核。基础绩效考核的重点是为客户提供服务的行为指标，主要分为与客户的互动频率、服务客户的数量、计划的执行情况三方面内容；业绩考核的重点是完成业务量的情况。考核评价比重中基础绩效高于业绩绩效，可以引导服务团队成员为更多的用户提供更有效率、更有效果的服务，而不是以业绩为主导的考核机制。通过员工满意度互评的考核，加强服务团队的主观能动性及协作能力。主要包括日常行为规范、对工作的积极程度、工作的执行能力、培训提升的学习、团队成员协作、所属部门领导的配合程度等，由上到下、由内到外进行满意度互相评价。

考核绩效结果需密切与员工现阶段所获取的利益和员工未来的发展，诸如薪酬水平、改变待遇、获取培训的机会、提高职位等的关联。

四、客户服务质量评价

服务质量是指客户支付和回报的对等价值的体现，是企业为了满足目标客户满意度而制定的最低服务标准，是服务工作能够满足被服务者的需求，并保持这一预订服务水平的连贯性程度。服务质量是评价出来的，无论是有形产品，还是无形产品，服务质量都是企业在竞争中制胜的法宝，而客户满意度是衡量服务质量的唯一标准。

客户满意是客户的心理活动，是客户针对企业产品服务的感受进行的评价。客户满意度即客户购买产品或服务之后，根据其期望进行评估的形式反馈。客户满意直接影响产品营销，当产品或服务接近客户的预期时，客户满意度提高，会促进产品销售；反之，客户满意度降低，会影响客户对产品的信任与产品的未来销售。客户满意的结果可通过客户投诉和客户忠诚表现出来。

（一）构建客户满意度体系的原则

1. 科学性和可操作性

客户满意度指标体系的构建，是进行客户满意度测评的一个重要环节，需要科学准确且具有可操作性。设计测评体系的层次，下层指标测评要以上层指标为前提，设定一级与二级指标，二级指标就是对一级指标的细化。在对企业的服务进行评估时，需要考虑的指标比较多，制定的服务质量评价体系要全面完整，在设定测评指标时不仅要考虑客户的需求点，还要考虑行业内主要竞争者的情况；指标必须是企业可以控制的，这样企业才能根据结果进行优化和改进。

2. 评价结果数据化

客户满意度指标体系需要反映的是总体的各个部分和整个总体的情况，测评的指标应该能被量化或与量化相近似，尽量排除主观因素，确保测评结果更加客观。对企业各项指标进行调查了解，获得具体的数据支撑，分析出来的结果具有可靠的依据，并要将一些数学方法运用到测评流程中，其目的就是用先进的演算方法对测评结果进行分析。

（二）客户满意度调查的设计和实施

1. 问卷调查的设计原则

（1）简单易懂

问卷问题设置需要让客户容易理解，避免使用过于专业的术语进行提问。

（2）目的明确

问卷问题设置需要紧密结合客户满意度指标体系，每个问题都切中要点。

（3）顺序合理

问题排序需要有条理性，按照公司的服务流程和顺序来设置。

2. 赋权方法的选择

客户满意度体系构建之后，需要考虑指标的赋权问题。赋权方法被分为两大类：主观赋权法和客观赋权法。主观赋权法主要分为两种类型，一种是根据其主观判断来确定各个指标权重的方法，如专家赋权法、层次分析法等；另一种是指客户根据自身的主观想法，通过使用某种技术，对各个客户满意度影响因素的重要性进行直接评价，采用这种赋权方法需要让客户对各影响因素的重要性进行某种评定，同时，需要保证客户对重要性都有相似且正确的理解，所以这种方法也很难保证赋权的准确性和客观性。客观赋权法是通过统计分析工具，根据客户满意度调查的结果，从分析模型中得到客户满意度各个影响因素的权重。

首先，服务质量与实体产品质量相比，有着明显的不同，服务质量是消费者的个人感知，难以被量化。因此，在对服务质量进行评价时，消费者的主观性是比较强的，会受到很多因素影响。其次，企业的服务质量具有差异性，消费者在评价企业服务质量时往往基于自身感知，但是不同的消费者会对同一种产品和服务产生不同的评价。所以，在对企业服务质量展开测评时，需要对客户进行抽样调查，实现个体之间差异的中和。最后，企业的服务质量具有不可分离性，企业进行产品和服务的提供，从本质上来说是生产产品和服务的过程，客户感知服务的过程可以被视为具体的消费过程，如果二者同时出现，消费者将很难预检本次服务质量。

第六章 体育企业的财务管理

企业财务管理体系一般包含全面预算管理、固定资产管理、流动资金管理、投资融资管理等。就创业者来说，要学会对创业的成本和收入的管理，保证在了解各种常见创业风险的前提下，还应该懂得如何面对创业风险带来的种种不利结果，这也是为创业做充分准备的重要前提之一。创业者需要了解一些基本的财务知识，学会读懂有关财务数据，如利润表、现金流量表、资产负债表等，对财务数据做到"心中有数"。

作为经济组织，体育创业企业一切行为的最终目的都是获得良好的经济效益。体育企业的财务管理工作有许多内容，对企业经营影响最大的有两个方面，即成本管理和收入管理。

第一节 体育服务企业的成本管理

成本管理就是在企业经营发展、销售过程中，在保证产品质量的前提下，科学有效地管理企业产品生产销售全过程，利用企业有限的资源实现最大的经济效益。成本控制主要指将企业成本与费用控制在一定范围内，并有序完成企业各项工作。在企业经济管理工作中，成本管理是重要的组成部分，对提高企业经济效益、价值效益，提高企业的市场竞争力，推动企业的稳定发展发挥着积极作用。

一、企业成本管理的意义

（一）成本管理是企业经营目标实现的基础

企业的经济效益等于企业的收入与成本之差，即成本越高，企业获益越少，而成本越低，企业获益越多。有效地控制企业成本是企业经济目标得以实现的基础，但仅依靠降低成本来增加企业利润，很容易出现产品质量得不到保证的情况。因此，成本管理应在产品研发、生产、销售等全过程中渗透，对成本进行合理预测、规划以及管控，扩大企业的利润空间，提高企业的市场竞争力，使其在市场中占有稳定的地位。

（二）成本管理是提高企业产品竞争力的重要因素

企业的主要目标是盈利，这也是企业存在的基础。影响企业产品竞争力的有许多因素，如企业形象、服务质量等。对产品的生产成本进行严格的管理，能给企业带来获得最佳利益的价格。成本越低，定价就可以越低，企业产品在市场上的竞争力就会越强。同时，成本管理为企业提高业务效率、进行战略决策提供信息和反馈。

（三）成本管理是财务报表的依据

进行严格的成本管理还为企业制作各种正确的财务报表提供了依据，计算销售成本、存货价值等，使企业正确地执行国家规定的成本开支范围和费用支出标准，保证企业在合法经营的轨道上发展。

二、企业的成本内涵

广义的企业成本是指企业为向消费者提供产品、进行服务而发生的各种支出和消耗，由以下四部分组成：

（一）经营成本

经营成本是指在经营过程中产生的各项直接支出，其中包括为促进销售发放的物品和活动成本。

（二）经营费用

经营费用是指企业在经营过程中产生的各项费用支出。企业的经营费用主要有运输费、装卸费、保险费、水电费、广告宣传费、燃料费、物料消耗、差旅费、人员的工资（含奖金和补贴）、职工福利费、工作餐费、设备折旧费、修理费及其他费用。

（三）管理费用

管理费用是指企业为组织和管理所属场所的经营活动而发生的费用，以及由企业统一负担的费用。这部分费用包括公司行政管理部门人员的工资、福利费用、服装费、办公费、工作餐费、差旅费、会议费、物料消耗等公司经费，还包括工会经费、职工教育经费、各种保险费、外事费、租赁费、研发费、咨询费、审计费、诉讼费、排污绿化费、土地使用费、土地损失补偿费、税金、低值易耗品摊销、开办费摊销、无形资产摊销、公关费、坏账损失、存货盘亏和毁损、上级管理费以及其他管理费用等。

（四）财务费用

财务费用是指企业为筹集经营所需的资金而发生的一般财务费用，包括企业经营期间的利息净支出、金融机构手续费、汇兑净损失、加息以及为筹集资金而发生的其他费用。

三、企业的成本类型

管理成本的有效方法之一就是深入了解企业中存在的多种形式的成本。不同形式的成本有着不同的特性，了解成本的类型，才能做出成本管理决策。在企业中，常见的成本类型有以下八种：

（一）直接成本

直接成本是指可以由部门经理控制、负责的成本。它们随着经营收入的上升或下降而变化，其变化的程度与部门的管理水平有着极大的关系，包括体育健身场所中提供服务时发生的消耗和费用，经营、服务人员的劳动成本及客用费等。

（二）间接成本

间接成本，如经营场所的维修费等。

（三）固定成本

固定成本是指在较短时间内不随业务量的变化而变化的成本，如场地租金、正式员工的基本工资、设施设备的折旧费等。这些成本在一段时间内不随每天的客流量、营业收入多少而变化。

（四）变动成本

变动成本是指随着经营业务量的变化而呈线性变化的成本，如消耗品等。这类成本在体育健身场所的经营成本中所占比例较小。

（五）可变成本

在体育健身场所中，有些成本难以归类为固定成本或变动成本，成本中有些部分随着客流量的变化而变化，有些部分则不管客流量多少，在一段时期内都是保持恒定的。如水电费，场所开门营业，即使没有客人光顾，其设施设备也必须处于待命状态，这就要产生电费成本，这部分成本对营业场所来说是每天固定的；而当客人量增加，跑步机、供水设备需启动，水电费成本即增加；像这样的成本还有私教提成、销售提成等劳动成本等。在成本管理中需要将这种成本进行固定成本与可变成本的分解，这对决策十分重要。

（六）选择性成本

这种成本可以在不同时期发生，如设施维修费、非紧急采购费属于这样的成本。

（七）可控成本

可控成本是指费用的发生与管理行为有关的费用。管理人员或员工行为影响这些成本的变化。清洁卫生用品成本就属于可控成本。

（八）不可控成本

不可控成本是指费用的发生不受企业管理的影响。比如，各种政府管理费用是国家规定的，不受部门控制。

四、企业成本管理体系

企业的成本管理通常是通过成本计划和成本控制两大部分工作来完成的。

（一）成本计划

计划是管理的重要职能。企业的成本管理只有通过年、季度、月成本计划以及企业成本计划、部门和班组成本计划等一系列成本计划将指标分解，订立成本标准并制定出完整的行动方案，才能最终达到经营者所期望的成本控制目标。企业的成本计划中应包括以下内容：

1. 成本预算

预算是成本管理主动化的重要手段，使经营过程中的支出按照管理者的设计进行，这是成本控制的依据。企业的成本预算从企业经营的总体角度出发，以预计的业务量为基础，规定不同的成本费用项目在计划期内的消耗总量，如一年的水费预算支出量、人员、采购等预算支出量。而实际上，不论是业务量还是客人需求、市场物价、劳动力价格等影响成本的因素，都会不断地发生变化。因此，在预算中还必须有预计各种因素发生变化时的机动成本额，或称为"预计成本超出量"。有些因素会使成本支出超出预算，而有些因素可使成本节约，因此这个数额可以为正数或负数，将所有成本项目的预算总额和机动额制成一张某时期企业费用预算表，可使整个预算更为清楚，便于执行。同时，成本预算还应将上述预算中的直接成本分解到各个部门，制定部门成本预算。企业每个项目部门和职能部门的经营内容和工作内容都不相同，各部门应按照自己的特点，对其可控范围内的各项成本费用进行预算。

2. 成本定额

企业的成本定额是指在达到规定服务质量要求的前提下，完成一个单位的接待任务所要发生的某一项成本量，即标准成本量。核定成本定额是一项很重要的工作，定额过高会使成本预算过大产生浪费，定额过低则会影响服务质量。在核定时要经过科学的实践和研究。通常，只有可控成本才需要定额，成本预算必须以各种成本定额为基础。成本定额与业务量预测的结合才会产生各项成本的预计支出额，因此成本计划中各项成本定额是必不可少的。

3. 核定固定成本与变动成本

企业的成本计划中，核定固定成本和变动成本的内容有利于确定每个项目的最低售价，有效规避亏损。经营过程中各种因素的变化会对预算的成本量产生各种影响，对于体育服务性行业，最常见的影响因素是业务量的变化，在经营中不论接待还是不接待客人，固定成本都要发生，若业务量为零，固定成本额就成为企业的亏损额，因此在短期内，只要项目的单位售价大于该接待业务的可变成本，其收入中超过变动成本的部分将贡献于固定成本，即冲减固定成本，减少亏损。

从这个意义上说，项目的最低售价应是该项目的变动成本。

当接待量变化时，成本预算中的固定成本部分是不会变化的，对固定成本只需确定其消耗总量即可。而变动成本需要修正，成本预算中随业务量的变化而变化的机动额数量，可以以单位业务量的变动成本为依据。因此，部门成本预算的重点也应放在变动成本部分，逐项进行成本核定。

4. 成本比例指标

成本计划中还应对可控成本制定各种比例指标，以便对各级成本管理部门的工作进行评价。常用的成本比例有：成本率，即一定时期内直接成本额占营业收入的百分比；费用率＝一定时期内费用额/营业收入，即每达到一定额度营业收入的支付费用。由于影响成本量的因素较多，变化也快，以绝对额形式进行的成本预算往往需要修正，否则就失去其指导意义。

（二）成本控制

成本控制是指按照成本计划的目标、方案和要求，对经营过程中形成成本的每项具体活动进行审核和监督，以保证成本预算顺利实现。企业预算中的成本控制是指企业在预算编制过程中，针对预算中的成本项目，采取各种措施和手段，使成本得到有效控制的过程。企业成本控制在预算编制中是非常关键的一部分，它直接影响企业的盈利能力和市场竞争力，企业要想实现长远发展目标，加强成本管理以降低企业成本，扩大企业经济效益与社会效益，是企业管理中必不可少的内容。体育服务企业的成本控制包括以下五个部分：

1. 加强内部管理，增强全员成本控制意识

成本控制需要全员参与，各部门都能够积极参与成本控制，建立全员参与的成本控制的机制。首先，建立科学合理的组织结构和职责划分，保证部门之间的配合和沟通，企业应根据自身规模和业务需求设立成本控制部门或岗位，负责全面监督和管理企业成本控制工作。这有助于提高成本控制的专业性，保证成本控制工作的系统性和连续性。其次，企业应该建立科学的管理制度和流程，规范经营行为，降低经营风险和成本风险。内部管理应该包括人员管理、服务管理、销售管理等方面，对每一个环节都要有明确的规定和流程，确保各项工作顺利进行。明确各部门职责，如服务部门负责直接成本的控制、财务部门负责间接成本的控制、采购部门负责物品成本的控制等。这有助于将成本控制工作分解到各个部门，

提高成本控制工作的针对性和实效性。同时，应该注重人员培训，提高员工的素质和工作效率，为成本控制提供更好的支持。加强员工培训，增强员工的成本控制意识。企业应该通过内部培训向员工普及成本控制的重要性，让员工了解到每一个环节的成本对整个企业的影响，从而增强员工的成本控制意识。

2. 注重日常的成本控制管理

企业要想加强成本管理工作，就必须制定完善的成本管控机制，并将其纳入常态化管理范围，建立科学的管理制度和流程，规范经营行为，降低经营风险和成本风险。企业管理人员应对市场情况与行业发展有更多的了解，并充分考虑企业的具体情况，构建符合企业发展情况的成本管控架构，对每一个环节都要有明确的规定和流程，确保各项工作顺利进行。管理人员还应加强与专业技术人员的沟通交流，管控方法要具有精细化特点，确保成本管控工作机制更加完善且具有较强的可操作性。

重视成本的日常控制，对于每一个环节都要有明确的规定和流程，确保各项工作顺利进行。在每日的经营活动中，对涉及发生成本的行为进行规范和监督。企业要明确划分成本管控各个岗位的工作职责，将岗位职责落实到每一个工作人员身上，增强工作人员的责任意识，提高成本管控效果。企业应该建立科学的管理制度和流程，规范经营行为，降低经营风险和成本风险。

在体育服务企业中，成本的日常控制一般由部门和岗位具体实施。每个部门或岗位所辖范围内的总成本都是固定成本与变动成本之和。对于不随业务量的变化而变化的固定成本来说，其控制工作就只能是不断地扩大业务量，增加客源，增加营业收入，因为业务量越大，分摊到单位业务量上的固定成本就越小，这就直接起到了降低产品总成本的作用；而对于变动成本的控制，则必须依靠消耗定额管理。成本计划中对单位业务量所允许的各种消耗的定额是可变成本控制的依据，要将这些定额落实到每个相关岗位、相关人员的相关工作中。严格要求基层人员对水电的使用进行管理，对于耗用品，要严格监督其使用情况，做到正常使用，减轻磨损，杜绝浪费，并清楚记录耗用量，留下完整的原始凭证。变动成本的大小与采购进价有关，日常成本控制工作还应包括对采购工作的控制和管理。

3. 期末的成本核算

成本核算是企业管理与财务决策的关键环节，成本核算方式各种各样，科学的成本管理核算方式使成本计算结果也更为精准、真实性更强，能够让企业决策人员清楚企业成本动因与变化，帮助管理人员对各级各部门的成本管理实效进行客观全面的评价，提高企业成本管理水平。企业的成本核算要从基层做起。设计实用的部门成本日报表、月报表、季报表和年报表，日报表中的所有内容都要反映到月报表中，月报表是日报表的汇总，而季报表、年报表又是月报表的汇总。部门的核算以班组的核算为基础，定期核算出部门的各项成本指标。企业的成本核算则按成本费用项目汇集所有部门直接成本的支出情况，形成这些成本的支出总额。同时，进行所有部门间接成本费用的分配，分配方法可以按营业额分摊，可以按场地占用面积分摊，也可以按部门工资比例分摊，并记录这些间接成本费用的支出总额。最后，将以上所有数据编制成企业的成本报表（包括成本总表和成本明细表），供企业高层管理人员研究分析。

4. 成本分析和评价

成本分析和评价就是将上述核算材料与成本计划进行对比，评价一段时期内的成本管理计划的执行和完成情况，分析这一时期管理工作的成功与不足之处及其原因，包括：直接成本和间接成本的分析，通过比较不同成本的占比和变化趋势，找出影响成本的主要因素，并制定相应的措施进行调整；每笔成本支出总额与成本预算的分析，寻找差异，分析原因；检验每项成本的发生情况是否符合规定程序，将成本发生过程中的具体行为凭证与企业成本管理制度对比；主要成本消耗与其定额指标或标准成本对比，寻找差异及其原因；计算核算期内的成本率和费用率，了解成本费用在营业额中的相对比例，评价其是否合乎理想，若成本费用率与预算或历史成绩相比有了升降变化，还应计算其变化速度，并与各影响因素的变化速度比较，评价变化速度是否合理。通过成本分析，识别出成本结构中的重点和瓶颈，进一步提高成本控制的精准度和有效性。成本分析还应该包括与同行业企业之间的比较分析，以便更好地了解自身的优势和不足，为提高竞争力提供可靠保障。在成本评价方面，企业需要对成本控制的效果进行评价，为下一步的成本控制提供参考。

5. 建立奖惩制度

奖惩的目的是奖励节流、惩戒浪费，将成本考核机制的责任制与奖惩机制结合起来，可增强企业员工的责任意识与提高工作积极性。影响成本升降的因素有很多，但其中最主要的影响因素是人的行为，尤其是具体实施成本计划的工作人员。在成本核算和核算评价、核算分析结束后，根据各部门各岗位在核算期内的成本管理成绩进行奖惩，这是成本管理工作的最后环节，也是下一轮成本控制的启动环节。只有将企业成本的升降与相关人员的个人利益紧密地结合在一起，成本控制才会长期有效。成本核算、奖惩工作应从上到下逐级进行，即企业高层管理者将各部门的成本支出额或成本率与预算相对照，决定部门的奖惩总额，部门根据各岗位的成本报表分析上级奖惩项目与各岗位之间的责任联系，根据指定的成本控制项目与要求分析每个具体服务人员的成本控制工作，据此分配部门下发的奖励金额。重视成本考核机制的合理制定，以此提高企业经营效率，提高企业在市场上的竞争力。

五、企业成本管理原则

成本管理工作内容繁多，方式多样，不论用什么方法进行成本管理，都必须遵循以下原则：

（一）企业成本管理必须遵守国家的有关规定

《中华人民共和国税法》对企业的各种成本开支范围、费用开支标准和成本费用的摊销方式都做出了明确的规定，企业的成本高低不仅影响企业的利润，还影响国家的税收。因此，企业在进行成本管理过程中必须遵守这些规定，避免把不该计入成本的支出计入成本，如各种赔偿金、罚款及捐赠支出，不违反规定超额提取年折旧等。

（二）成本控制必须以保证服务质量为前提

成本管理工作的目标是降低成本支出额，成本不仅与企业的利润有关，也与企业的产品质量有很大关系，若成本降得过低，超出一定的限度，就会降低产品的质量，引起客户不满，最终减少客源，影响服务企业的长远效益。因此，成本管理必须以保证企业应有的服务等级规格、服务质量为基本原则，在保证质量的前提下挖掘内部潜力，力求节约，减少浪费，在制定标准成本和成本预算时，都要以满足服务质量要求为依据。

（三）成本控制应采取成本归口分级管理的原则

成本归口分级管理又称为"成本管理责任制"，是在企业的集中领导下，按照费用发生的情况，将成本计划指标进行分解，并分别下达到有关部门和岗位班组，以便明确责任，把成本管理纳入岗位责任制。

对于体育服务行业，成本的发生是一个逐步产生的过程，涉及整个企业中前台和后台的所有工作人员，企业中发生成本支出的各部门、各岗位之间独立性又比较强，管理人员无法对具体的成本发生过程进行直接管理。因此，体育服务企业的成本管理必须采用全员管理的方法，实行企业、部门、岗位三级管理，分级归口，层层下达指标，层层进行考核，并将成本管理的责权与每一个具体工作人员、服务人员联系起来，只有这样，成本管理才能真正行之有效。

六、体育服务企业劳动力成本控制

体育服务行业属于劳动密集型行业，在企业的经营成本中，劳动成本通常要占60%以上。这就要求企业尽量提高劳动效率，控制劳动成本，以提高企业的竞争力。通过劳动成本控制系统全面有效的管理，使企业的劳动成本降到最低限度，这对服务企业来说十分重要。

劳动成本不仅指员工的工资，还包括员工奖励、职工用餐、职工医疗、员工社会保险、失业保险、养老保险等。以上所有的劳动成本都是按人数计算的，即企业的劳动成本与企业所用的人员数量成正比。因此，企业应通过各种科学的方法尽量降低企业对人员的需求量。这是一项繁杂的工作，需要有一个专门的系统，由专门的人员来做。

体育服务企业面对的市场需求极不稳定，为避免劳动力的浪费，应专门设立人力资源管理部门，并由一名副总经理级的高级管理人员分工管理，制定出一整套工作人员数量控制及合理安排人力的程序，这就是劳动力成本控制系统。这个系统的目标是通过对劳动力的计划、协调和控制，使人力资源得到最大限度的利用。

（一）合理的人员使用

合理的人员使用是指让每一位员工都进行高效率的工作。也就是说，企业使用的劳动力是维持企业预期产品质量需要的人力最低限度，这就是企业降低劳动成本的最终目的，也是避免企业员工的闲置或无效劳动，如清洁营业场地时由于程序不合理，服务人员多次重复线路往返，来回奔波，浪费时间和精力等。为此，劳动力成本控制系统必须做好以下工作：

1. 确定必要的工种

研究每一个合乎质量标准的服务过程需要哪几种人员提供服务，要尽量将不需要特种技能的工作合并。企业中有些工种是需要特种技能的，如体育专业教练、维修员。这些人员必须经过特殊培训，这些岗位必须专人专职。而其他服务性工作往往不需要特种技能，只要企业对人员进行岗位培训即可胜任。这种服务性的工作就没有必要将岗位和人员分得过细。

2. 设计合理的工作程序

研究每一个工种的工作，为每个工种制定最科学的效率、最高的工作程序和工作方法，使工作尽量简单化、快捷化、省力化，使每一个员工的工作效率达到最高，这是合理使用人力的重要方法之一。这对提高人员的使用效率、降低劳动力成本是十分有效的，是服务企业管理的重要内容。

3. 科学的人员编制

根据以上科学的工作程序和工作方法确定每个工种需要的人员数量，再根据已确定的工种科学安排企业人员定额。下面介绍在计算劳动力成本预算时采用的一种方法：先定岗再定编。

例如，某健身馆可以根据需要设置收款岗、会籍引导岗、更衣室服务岗、教练岗、浴室服务岗、休息室服务岗等，制定该项目的人员编制。

4. 科学的人员工作时间安排

一般来说，体育服务企业晚上和节假日的客流量最大，平时客流集中在18：00～22：00之间，白天客人往往较少。因此，若安排所有服务人员在同一时间上班，并在同一时间下班，就会导致客人到来的高峰时期人员不够，而其他时间却人员大量闲置。在保证每个职工每天工作8小时的前提下，服务企业管理者在一般排班表的基础上，根据工作量的预测，可以采用轮班的方法，准确灵活地调动、安排人力。这不仅可以满足客人的服务需要，还可以充分利用人力资源，是降低企业劳动力成本的重要方法。

（二）利用现代技术手段提高劳动力

在现代经济社会中，劳动力的价格越来越高，社会生产力的提高和科学技术的发展，使高科技技术可以取代相当一部分人力劳动。劳动密集型服务企业也应尽量使用成本越来越低的机器代替成本越来越高的劳动力。营业场地的整理、清洁、设施的保养等，可以借助许多现代化设备来完成。

近年来，随着信息技术的不断进步，财务共享这种创新管理方式也得到企业管理者的重视，借助信息化技术能够高效智能化地处理财务工作，企业可以引入成本控制软件，以提高成本核算、分析和控制的效率和准确性。财务共享服务平台通过平台化的搭建和共享，改变了会计工作中的同质和重复性工作，通过统一、优化和整合，使工作更加标准和规范化，达到规模效益，降低人工成本和经营费用，同时加快内部审批流程，推动企业效益提升，提高财务管理质量。

（三）科学管理兼职人员

体育服务业是淡旺季十分明显的行业，如果因为高峰期的工作而增加录用人员数量，就会造成淡季时的人员闲置和浪费，大大增加劳动成本，而且也容易造成员工的懒散。因此，根据经营的需要建立一支兼职人员队伍是解决以上问题比较合理、经济的方法。在企业中，固定员工起核心作用，对兼职人员加以强化训练，就能够满足企业营业高峰期的人员需要，使企业的经营活动正常进行，并且不会影响服务质量，而且能够大大降低企业劳动力成本。但是，不稳定性是兼职人员的弊端，企业必须由专门人员负责兼职人员的招聘和培训工作，为了减少这方面的工作强度，企业应该尽量使用那些多次参加本企业兼职工作的人员。兼职人员的使用要有科学管理才能够起到预期的作用。

在企业管理过程中，企业要能够及时发现成本管理中存在的问题，并通过更新成本管理理念、拓展成本管理范畴、优化成本管理方法与成本核算方法、制定完善的成本管理机制等措施提高企业成本管理水平，增强企业成本管理效果，为企业可持续健康发展提供助力。

企业管理水平对其未来发展至关重要，收入和成本管理是至关重要的环节，提高企业财务内控管理效率，提高员工参与度，完善服务生产环节并促进服务产品质量提高，有利于提高企业整体管理水平，实现企业面向效益管理的目标。随着竞争环境的日益激烈，企业必须认识到财务内控管理的重要性，完善其制度、最大化发挥其作用，优化资源配置，不断实现降本增效、提高效益，从而提升应对风险的能力，保障企业稳定发展。

第二节　体育服务企业的收入管理

企业的营业收入是指企业的各项目部门按照一定的价格，通过向消费者提供有形、无形商品等经营活动所取得的收入总和。创造利润是企业最根本的使命，企业收入是利润的源泉，是企业生存和发展的基础。整体而言，收入管理包括收入数量增长及收入质量提高两个方面，收入管理工作水平的提高可以使企业更好更快地发展。高质量的收入决定着企业长期创造现金流的能力和企业的持续增长能力，高质量的收入也决定着企业在行业中的竞争地位。因此，对收入进行有效管理，无论是对企业生存，还是对企业发展都是十分重要的。

由于行业的差别和企业个体的差异，不同企业面对的收入管理问题是不一样的，在这里以体育健身娱乐服务企业（以下简称体育服务企业）的收入管理为例进行阐述。

一、体育服务企业营业收入管理的特点

像其他企业一样，体育服务企业的利润是营业收入去除一切经营成本和费用之后的余额。因此，营业收入的多少直接关系着此余额，即企业利润的大小。特别是在成本已经确定的情况下，营业收入的多少就决定了企业的利润状况，所以营业收入的管理是体育企业管理的重要内容。企业收入情况复杂，需要科学有效的管理。

体育服务企业的营业有如下特点：

第一，综合性的体育健身企业由多个项目部门组成，每个部门都独立设置收入口。

第二，每个收入口都有各自不同的多环节的收入程序。

第三，体育企业，特别是健身娱乐项目部门的收入中，现金或等同现金的代用币占据很大比重。

第四，经营中有相当一部分收入是劳务收费或按时计算的场地租用费，由于

这些收入的获得并不产生有形物品的转移，使收入的凭据缺乏硬性核对标准，给管理造成一定的困难。

由此可见，与其他行业的企业相比，体育服务企业更需要科学、严格的营业收入管理。

二、体育服务企业的收入结构

对于收入管理，企业应该首先分析企业自身的收入结构，理清企业收入逻辑，然后有针对性地进行事前管理。企业的收入结构是从企业收入的不同性质进行分类。从收入来源的类型上看，企业的收入主要分为主营业务收入和其他业务收入；从收入来源的性质看，企业的收入主要分为现销收入和赊销收入。主营业务收入和其他业务收入是由企业的业务性质和业务模式决定的，而现销收入和赊销收入反映的是企业收入资金流的真实情况。只有真实把握的企业的收入结构，才能为企业的收入管理提供良好的基础。

（一）健身娱乐活动收入

健身娱乐活动收入是以健身场地、健身设施等设备出租为主要内容的。收入的主要形式是入场费。这类收入以会员卡（年卡、月卡等）形式或单次收费等形式收费，由于客户不定期和具有流动性，单次收费在管理中有一定难度。

（二）食品、饮料和用品收入

食品、饮料和用品是客户健身时的配套享受，是体育服务企业的附属收入，这种收入伴随着实物的转移，因此管理上相对容易。但由于这类实物中有些是可食用的消耗品，在体育健身场所中小食和饮料又常常拆包零售或进一步加工后出售，因此在核算上也有一定难度。

（三）培训服务费收入

培训服务费收入在理论上是体育健身场所的主要收入之一，但不同的企业对这部分收费有不同的管理方式，通常客户都将它作为健身支出要求企业开具发票，由此引起的税收方面的问题，要根据企业的经营范围来定，企业营业之前要考虑这个问题。

（四）场地租赁

场地租赁收入没有实物的转移，在计费与核算时由于没有实物依据，容易出差错和出现作弊等问题。

三、体育服务企业的收入管理方法

收入质量高低主要体现在企业收入形成的应收账款比例与创造的净利润能力方面，在收入形成的过程中，往往还存在收入的流失、收入的截流和收入不实等风险。因此，对经营收入实施有效的内部控制是企业管理至关重要的环节。

（一）营业收入的管理方法

对体育服务企业的管理者来说，要对不同类型的收入进行科学有效的控制，使企业的盈利目标得以实现，应采用以下三种方法：

1. 建立企业收入的计划体系

每个投资者对投资回报都有自己的目标，这个目标是根据企业内外环境综合分析得出的。在经营项目确定之后，在对收入结构、收入类型进行研究分析后将其分解成每一年、每一个月，直至每一天的收入目标，根据这些目标，并依据不同时期的市场变化情况，编制出切实可行的年度营业收入计划、月收入计划及每天的收入计划。应注意的是，这些计划不应是总目标的简单平均分解，而是在不同的时期、不同的部门，根据具体市场情况采用不同的方法完成的目标，不同部门完成的目标也不同，最终有计划地促成总目标的实现。在计划的实施过程中，经营者应定期检查部门的完成情况，将检查的结果作为奖惩的依据，或根据新的市场情况对原计划进行调整，只有这样，营业收入的管理才是有的放矢、切实有效的。

2. 收款岗的科学管理

如上文所述，体育服务企业主要的收入来源为客户的健身娱乐收入，而这部分收入都是依靠营业场所的收款岗来进行的。因此，科学地进行收款岗的管理对体育服务企业的收入管理是至关重要的。对客户来说，企业设立的收款岗愈少愈好，同样，对企业来说，营业场所内只设一个收款岗位，方便管理，也降低作弊的可能性。但是对于大型的体育健身娱乐综合性企业，由于经营项目众多，客流量大，客户在各项目点之间的流动性太大，若不多设收款口及时收款，漏账的可能是很大的。在此情况下要注意以下两点：

（1）尽可能地减少收入口

依据管理学原理，管理者的控制幅度是有一定限制的，超过这个限制，管理行为就会出现低效率、高差错的现象，收入管理也是如此。尽量减少收款口既方便了客人，又可以降低差错和作弊发生的可能性。一般来说，一个部门或一个拥有独立出口的场地以只设立一个收款口为宜。

（2）收款工作必须由收款台完成

避免服务人员或其他工作岗位的员工接触现金，即使需要员工促销某项产品，客户付款也必须到收款台。一切结算、收款工作都由账台统一完成，服务人员只能是客人消费的记录员，账台与客人之间的账单、钱款交接的传递员。非收款台的员工直接收取客户现金会留下许多隐患，严重的还会引起纠纷，影响企业的声誉和形象。

3. 设计科学的收款程序

科学的收款程序应做到：收款环节有明确的分工和严密的衔接。体育服务企业的营业收入就其内涵上讲不外乎两大类，一类是有形物品的销售收入，另一类是无形的商品（场地及劳务）等非物品销售收入。不同收入类别应设计不同的收款程序。

有形物品销售的收款程序。设计这种收款程序的总原则就是要做到收入款与所售物品数量相符。以综合体育健身娱乐场所最常见的运动用品收入为例，收款程序可以设计如下：

由前台服务员记录客人购买的运动用品，收款后开出一式三联收据。账台留下一联收据记账，在其余两联上加盖账台章或收款员签字表示账单已收到。留下盖有账台章的一联，交给客人，将另一联送至库管。库管在收到盖有账台图章的收据后发货。下班前由专门的核对人员将收据单与前台的收据单进行核对，检验前台的销售是否都已正常收到销售款。前台服务人员下班前还必须填写进销存日报表，将其当班交接的货物品种数量、本人从仓库领取的品种数量以及当班期间销售商品的品种数量填写清楚，并计算出即时应有的存货品种数量，作为与下一班次交接的依据。专职核对员还必须将报表上的数字与上一班的交接单、领货单及盖有账台图章的收据相核对,若账上无误,还需核对账上留存数与实物数是否相符。最后将当日的销售情况输入电脑留存。

非物品销售的收款程序。非物品销售是体育服务企业的主要收入来源,主要包括场地费、教练指导或培训等劳务费。这里介绍三种常见的收款方式:

第一,按时计价。综合健身娱乐场所中有许多费用是按客人使用设施设备场地的时间来计算的,如羽毛球、网球场地的包场计时,目前这种收款基本采用电脑自动控制,开关机的同时即客人使用设施的起止时间,这是最科学、最简单的管理方法。如果采用前台人员收款管理,设计收款程序:客人进入营业场地时,在前台记录并开始计时。卡单可一式二份,一份记账,一份留给客人备查。也可只设一份,交服务员备客人查阅,结账时由服务员传回前台作为收账依据。当客人要求结账时,由服务员通知前台和设备控制部门。前台记录结束时间,根据客人健身娱乐的起止时间和其他消费填写结算单,交与服务员转客人核查付款。

第二,单次收费。目前,健身娱乐场所一般都采用会员制管理方式,这种收入相对好监控。为了方便客户消费,一些体育健身场所中按人次收费的项目很多,比如健身房的单次消费、羽毛球场的单人单次消费、滑雪场的单次收费等,由于这类客人的临时性和流动性较强,该类型收入也是企业较难管理的一类,尤其当营业场所内既有会员又有单次消费的客人时,给监管带来一定困难。这种收入的收款方式是前台收款,留存单据。场地内的服务领班或主管应经常巡视和记录每批客人的人数并与前台核对,以避免作弊和漏收入场费。大型场所应该分设售票口和检票口,而不能由售票人兼检票之职,避免作弊。

第三,按量计价。在健身娱乐场所,有许多项目是依据客人消费量来计算费用的。例如,高尔夫球练习场收费依据客人发了多少盒球计算;射击场收费根据不同枪支型号,按子弹发数计算;保龄球收费按客人打球的局数计算。对这些项目的收款,科学又简易的方法是电脑计价,如果没有电脑收费系统,就需要设计严密的收款程序。一般计量收费的程序可概括如下:当客人入场,由前台服务员开一式三联单(必要时请客人签字确认),并收下其中一联,并在其余两联上盖章确认此消费。服务员将盖章的单据送到控制台,若客人增加活动,则由场地服务人员通知前台收款增添单据,再通知控制台为客人增加活动量提供服务。客人活动结束时,收款台将客人活动量统计,由值台服务员传递单据,结账收款。这个过程的关键在于准确地记录客人的活动量,以及增加活动的量,并及时取得客人的确认,保证记账收款环节的各种信息及时沟通和紧密衔接。

每家企业都有各自特殊的情况,在收入管理过程和方法上不尽相同,然而所有企业在进行收入控制程序设计时都应把握以下四个原则:

(1)在收款过程的各个重要环节设计监督机制

体育服务企业的收费常常是计时计人的无形服务产品计费,而收款员又大量接触现金,为防止差错或舞弊现象的产生,建立收款过程的监督机制是非常重要的,包括以下四点:

第一,收款的主要环节分人负责,即开单、发货人员(或增量控制人员)、划价记账人员及最终收款员、统计核对人员应是不同的人。严格禁止一手落的做法。

第二,建立严格的交接班制度。当一个工作时段结束时,离岗人员要将本班处理的钱款、账目点数统计清楚向下班交接,交接的每一个环节都应有严格的签字收受手续。

第三,统计核对制度必不可少。每天营业结束后,应由专门的统计核对人员对款、账、物进行清点核对,要保证每天收款活动的钱账相符,账台账与发货柜台(或增量控制台)的账相符,发货台的账与留存货物数量相符。如有任何差错,应立即查清错处,按交接单据查找责任人。

第四,建立主管人员核查制度。在营业过程中,应规定各项目主管人员随时监督账台的账目、钱款工作,抽查账台的记录与实际情况是否相符,尤其是按人数和按时间计费的项目。

(2)严格管理现金收入

现金作为通货具有不记名、无归属标记的特点,任何人得到都可为之所用,因此它们历来是收入管理中必须特别重视的对象。收款过程的现金管理主要有以下三项原则:

第一,尽量减少现金过手的人数。

第二,现金的每一次交接都要有清楚的收受手续。

第三,营业结束后交纳现金营业款必须在规定的地点进行,必须走楼梯而不能乘电梯,交款时必须有三人在场。

(3) 对收银岗位应定人定岗与有计划调动相结合

为了避免收款人员的短期行为方式，也为了方便收入账、收入款的监察工作，在出现问题时可以迅速准确地找到责任人，在一段时期内，每个收入口应定人定位收款。同时，在一个合理的时期之后进行部门岗位人员对调，这样可以避免收款人员在一个岗位与相关人员相处得太熟而出现串通作弊。

(4) 收入管理程序应衔接严密

在进行收入管理程序设计时，必须掌握环环紧扣的原则，做到每一个环节都不忽略。在收款过程中，"无此则无彼"，即设计上要做到使每一次消费不经过第一个环节就无法达到第二个环节，而不按规定走完每个环节、最终准确记账，消费就得不到实现。如当客人需要饮料时，服务员就必须为其开单，记录哪位客人需要的品种和数量，饮品单必须交账台记账盖章后交与吧台，吧台才会凭单发货。同样，收款员在营业结束后不经过统计、账钱核对等环节，吧台等发货部门不顺利通过账账、账物核对环节，这一天的工作就无法顺利结束，若有差错，则必须承担责任。

（二）折扣销售的管理

折扣销售是礼遇客户、与客户保持良好关系的重要手段，也是刺激消费、吸引消费者的重要方式。但同时它是十分容易产生管理漏洞，使企业收入流失的经营方式，必须进行严格的控制和管理。一般来说，企业对折扣销售进行管理的方法有以下三种：

1. 建立折扣制度，统一管理

通过建立制度和设计科学的折扣销售程序，使每一次折扣销售都置于管理者的视野范围之内，折扣销售权由总经理一人控制。当部门经理意识到应给某个客户折扣优惠时，必须向总经理陈述原因，并且请总经理签字通知收款台，任何人不得擅自进行折扣销售。这种管理方法可以使收入的流失减少到最低限度，并使折扣销售起到最好的作用。

2. 分级赋予折扣权

一些项目部门较多的中大型体育服务企业，各级管理人员都有自己的营销任务和特定客户，若每一次折扣销售都去请示总经理，将影响工作效率。因此，根据职位赋予相应的折扣权有利于各级人员灵活地开展销售。由收款员担负起折扣销售的监督责任，审核每一次折扣销售是否符合企业的有关分级权限的规定，杜绝越权超幅的折扣销售，并把这种责任与其个人的经济利益结合起来。

3. 额度控制

额度控制是指为促进营业销售，高级管理层赋予各部门各级人员折扣限制额度，在一定时期内，不超过该额度的情况下，其他都可由这些部门和人员自己做主的管理方法。通常企业会以折扣限额与工作指标为依据（如销售额指标），即规定销售额中的一个百分比作为折扣销售的极限额度。在实施过程中，由收款员凭事先指定的人员签字认可折扣销售，并记录每一次的折扣金额，财务部将这些金额加以统计，定期做出统计报告。

（三）应收账款的管理

企业进行销售的时候，往往由于某种原因没有立即收回销售的款项，这个时候在财务上就会将该笔收入记为应收账款。应收账款属于企业的重要资产之一，它实际上是企业的赊销行为带来的赊销收入。赊销销售收入是应收账款产生的重要来源，应收账款管理是赊销收入切实进入企业现金流的重要保障。企业对赊销及应收账款的管理和控制主要有以下四个方面：

1. 制定企业的赊销制度

赊销是一个销售的过程，控制这个过程的主要手段就是由企业的决策层事先针对每个环节的各种问题制定相应的严密对策，以防止疏漏，避免风险。明确规定不允许客人任意地签单挂账。建立起赊销销售的对象评价体系，对于不同评级的客户实行有差别的赊销销售管理措施，企业应指定合适的管理人员通过各种渠道对该客户进行调查和了解。了解的内容包括客户的支付能力、信誉、消费量等，调查结束后，由最高管理层审议、审查并批准。如在未经最高管理层批准的情况下擅自为客人开户赊账，应进行处罚，若出现损失，应责令责任人予以赔偿。

2. 限定信用限额及期限

赊销金额越大，企业的风险就越大，没有期限的应收账款在某种意义上讲也是死账。因此，企业必须制定信用限额及期限，客户的赊账金额一旦达到这一限额，企业应立即停止赊销并催讨应收款，旨在保护企业自身的资金链安全和现金流通畅，也给企业应收账款的事中管理和事后管理减轻压力。

3. 明确赊销项目

一个综合性的健身娱乐企业有许多项目，企业可以有选择地对其中的某些项目采取赊销的方式，同时对另一些项目采取现收策略，以降低赊销风险。通常成本较低，消耗较小，尤其是变动成本较低的项目可进行赊销，如台球、游泳、棋牌项目；而成本较高，特别是可变成本较高时，若不及时收入，企业要垫支较大的费用，则不宜采用赊销方式，如食品、体育用品、饮料、射击等项目。

4.与客户签订赊销合同或协议

赊销行为实质上是一种协议行为，协议无法履行或出现纠纷时能够得到法律的有力支持，企业应在赊销行为发生之前与客户签订周密的赊销合同或赊销协议，以降低赊销行为的风险，最大限度地保护企业的赊销利益。协议中需明确以下几点：

第一，明确规定结算时间。

第二，列明信用额度。

第三，注明双方认可的签单单据形式。

企业的应收账户应由专门人员负责，主要是做好应收账款的核算、登记和追踪工作，使其能够规范化、流程化和科学化，在提高效率的同时提升管理效果。另外，企业应该积极地引进应收账款电子化、数字化管理，保证管理过程中的准确性和高效性，赊销策略虽然短时间内有助于企业与客户建立良好的合作关系，也能增加企业的销售收入，但是这种关系是建立在应收账款的风险之上的，加强对客户关系的管理，可以有效降低应收账款变为坏账的可能性，提高收入质量，同时有助于缓解企业与客户之间的矛盾，以此提高客户对企业的满意度，保证客户群体不流失，增强收入的稳定性。

参 考 文 献

[1] 何建湘. 创业者实战手册 [M]. 北京：中国人民大学出版社，2016.

[2] 霍华德·H. 弗雷德里克. 创业学 [M]. 蒋春燕，译. 北京：中国人民大学出版社，2011.

[3] 罗琴，罗江. 大学生创新创业教程 [M]. 西安：西北工业大学出版社，2019.

[4] 创新创业教育系列丛书编审委员会. 创造性思维与创新方法 [M]. 北京：高等教育出版社，2013.

[5] 钟天朗. 体育经营管理理论与实务 [M]. 上海：复旦大学出版社，2004.

[6] 丁欢，汤程桑. 创新与创业教育指导 [M]. 南京：南京大学出版社，2015.

[7] 肖淑红. 体育服务运营管理 [M]. 北京：首都经济贸易大学出版社，2009.

[8] 张启明，俞金英. 休闲体育经营与管理 [M]. 厦门：厦门大学出版社，2008.

[9] 张贵敏. 体育市场营销学 [M]. 上海：复旦大学出版社，2006.

[10] 陈林祥. 体育市场营销 [M]. 北京：人民体育出版社，2013.

[11] 孙中祥，汪紫珩，陶玉流，等. 新时代人才强国战略背景下体育产业创新创业人才培养研究 [J]. 西安体育学院学报，2022，39（6）：593-600.

[12] 孙晨晨，杨倩. 社会体育指导与管理专业创新创业人才培养的困境与对策 [J]. 当代体育科技，2022，12（31）：117-121，126.

[13] 邓卫权，蒋家乐，曹久晨. 体育专业创新创业实践平台的构建 [J]. 中阿科技论坛（中英文），2022（9）：170-174.

[14] 曲洺晫，曹连众. 新时代高校体育专业培养体育产业创客路径探索 [J]. 黑龙江高教研究，2022，40（9）：106-111.

[15] 郭利利. 新经济时代体育产业科技创业与创新理念及其实践应用 [J]. 科研管理，2021，42（10）：210.

[16] 宋怡诺. 体育创业的特征分析及其研究趋势展望 [J]. 文体用品与科技，2021

（8）：142-144.

[17] 李杰，廖志承，刘卢露.体育教育专业学生创业的SWOT分析及对策研究[J].文体用品与科技，2021（7）：133-134.

[18] 韩璐.基于三螺旋模型理论的体育产业创新创业教育研究[J].中国管理信息化，2020，23（22）：237-239.

[19] 王雪莉，付群，郑成雯.中国体育产业高质量发展的现实挑战与路径探索[J].北京体育大学学报，2020，43（1）：1-15.

[20] 姚文娟.社会责任履行对体育产业上市公司成长能力的影响研究[D].长春：吉林体育学院，2022.

[21] 涂志辉.中美体育产业的经济效应比较研究[D].福州：福建师范大学，2021.

[22] 许嘉禾.我国体育产业高质量发展的金融支持研究[D].济南：山东大学，2021.

[23] 卢益平.我国体育小镇创业生态系统建设研究[D].北京：北京体育大学，2020.

[24] 田泽远.我国体育产业非公开权益资本的研究[D].石家庄：河北师范大学，2019.

[25] 金玉希.主营业务对我国体育产业上市公司及挂牌公司绩效的影响[D].上海：上海交通大学，2019.

[26] 郑尔昌.我国体育产业社会投资意愿影响因素研究[D].泉州：华侨大学，2018.

[27] 王尧鑫.烟台市体育产业引导资金运营状况及效果分析[D].南京：南京师范大学，2018.

[28] 李龙.我国体育产业发展问题的伦理审视[D].长沙：湖南师范大学，2017.

[29] 陈杰琼.我国体育产业政府管理体制改革的思路与对策研究[D].南京：东南大学，2017.